5/22

R 2-

MONDIALISATION FINANCIÈRE ET TERRORISME

*La donne a-t-elle changé
depuis le 11 septembre ?*

ÉDITIONS DE L'ATELIER
Paris

CÉRÈS ÉDITIONS
Tunis

ÉDITIONS CHARLES LÉOPOLD MAYER
Paris

ÉDITIONS ÉBURNIE
Abidjan

ÉDITIONS ÉCOSOCIÉTÉ
Montréal

ÉDITIONS D'EN-BAS
Lausanne

ÉDITIONS GANNDAL
Conakry

ÉDITIONS JAMANA
Bamako

ÉDITIONS LUC PIRE
Bruxelles

PRESSES UNIVERSITAIRES D'AFRIQUE
Yaoundé

ÉDITIONS RUISSEAUX D'AFRIQUE
Cotonou

*La collection « Enjeux Planète » est publiée
avec le concours de la Fondation Charles Léopold Mayer
pour le progrès de l'Homme et de l'Alliance des éditeurs
indépendants pour une autre mondialisation.*

RENÉ PASSET
JEAN LIBERMAN

Mondialisation
financière
et terrorisme

*La donne a-t-elle changé
depuis le 11 septembre ?*

ENJEUX  PLANÈTE

*Une collection mondiale
pour une autre mondialisation*

La révision et le suivi éditorial de ce livre ont été réalisées par l'équipe des Éditions de l'Atelier (Paris) et sa mise en page par les Ateliers Compo-Méca (64990 Mouguerre – France), avec le concours des autres éditeurs de la collection. La conception graphique de la couverture est l'œuvre d'Andrew Corbett, de Zed Books (Londres). Le flashage, l'impression et la finition ont été effectués par les imprimeries Corlet (Condé-sur-Noireau – France).

Dépôts légaux: 3ᵉ trimestre 2002

ISBN 2-87415-235-8, D/2002/6840/106 (BELGIQUE)

ISBN 99919-972-3-7, dépôt légal 1964 du 10 juillet 2002 (BÉNIN)

ISBN 2-912086-57-4 (CAMEROUN)

ISBN 2-921561-71-9 (CANADA)

ISBN 2-84770-016-1 (CÔTE D'IVOIRE)

ISBN 2-7082-3641-5 (FRANCE)

ISBN 2-913326-33-1 (GUINÉE)

ISBN 2-915032-01-7 (MALI)

ISBN 2-8290-0283-0 (SUISSE)

ISBN 9973-19-551-5 (TUNISIE)

Pour obtenir de l'information sur la collection Enjeux Planète, ses éditeurs ou ses diffuseurs, contacter l'une des maisons d'édition participantes ou les Éditions Charles Léopold Mayer: 38, rue Saint-Sabin, F-75011 Paris, France.

Remerciements

La réalisation de cet ouvrage est le fruit d'une collaboration entre René Passet et Jean Liberman qui ont allié leur compétences respectives d'économiste et d'universitaire pour le premier, de journaliste spécialiste de politique internationale pour le second. La réflexion des deux auteurs s'est développée à partir d'une problématique et d'une structuration proposée par René Passet ; le soin de la rédaction finale a incombé à l'homme de communication, Jean Liberman.

Les auteurs remercient sincèrement Jérôme Anciberro pour son aide précieuse, sa vigilance et ses suggestions qui ont permis l'édition de ce livre.

*Une collection mondiale
pour une autre mondialisation*

À un public de militants, d'étudiants, d'universitaires, de citoyens refusant d'assister, passifs, aux grandes évolutions du monde contemporain, la collection « Enjeux planète » propose des essais dans lesquels des auteurs des cinq continents traitent des différents défis liés à la mondialisation : commerce international, ressources naturelles et défis climatiques, rapports Nord-Sud, identités culturelles, etc. Chaque ouvrage est porteur non seulement de diagnostics, mais aussi de propositions et de perspectives d'action.

*Douze éditeurs francophones
pour « éditer autrement »*

Pour publier des livres qu'ils aiment et pour montrer que l'on peut « éditer autrement », pas moins de douze éditeurs francophones ont décidé de s'associer pour coéditer cette collection en Belgique, au Bénin, au Cameroun, au Canada, en Côte d'Ivoire, en France, en Guinée, au Mali, au Maroc, en Suisse et en Tunisie.

*Une expérience pionnière
de commerce équitable*

Le choix des titres à inclure dans la collection est effectué à douze, les textes sont édités et mis en pages au Canada après un travail de révision collective, puis sont imprimés en une seule édition en Tunisie et expédiés ensuite aux douze éditeurs. Une règle de péréquation permet aux éditeurs d'Afrique subsaharienne et du Maghreb de ne supporter que des coûts très inférieurs à ceux pris en charge par les éditeurs du Nord : une expérience pionnière de « commerce équitable » dans le domaine du livre !

Une alternative à la concentration financière
dans le monde de l'édition

Le plus souvent, les livres d'« Enjeux Planète » existent aussi en langue anglaise dans la série « Global Issues », animée par la maison Zed Books à Londres, dont cette collection est inspirée. Des réseaux d'éditeurs de langue portugaise, espagnole, arabe et chinoise ont d'ores et déjà exprimé leur intérêt à se joindre à cette aventure. Ainsi cette collection sur les enjeux de la mondialisation est en passe de devenir une collection mondiale, non par le jeu de la concentration financière à outrance qui frappe actuellement le monde de l'édition, mais par un véritable partenariat international et solidaire.

La collection « Enjeux Planète » est réalisée dans le cadre de la Bibliothèque interculturelle, à l'initiative et avec le soutien de la Fondation Charles Léopold Mayer.

TABLE DES MATIÈRES

DEUXIÈME PARTIE
APRÈS MANHATTAN :
DE RÉVISIONS AVORTÉES
EN CONTRADICTIONS RENFORCÉES

TROISIÈME PARTIE
POUR MAÎTRISER L'AVENIR :
S'ATTAQUER AUX RACINES DU MAL

Glossaire des sigles

AME	Autorité mondiale de l'eau
AMI	Accord multilatéral sur l'investissement
APD	Aide publique au développement
CMU	Couverture maladie universelle
CNUCED	Conférence des Nations unies sur le commerce et le développement
FAO	Organisation pour l'alimentation et l'agriculture
FIDH	Fédération internationale des ligues des droits de l'homme
FMI	Fonds monétaire international

GAFI	Groupe d'action financière sur le blanchiment de capitaux
IFI	Institution financière internationale
OCDE	Organisation de coopération et de développement économique
OEA	Organisation des Etats américains
OMC	Organisation mondiale du commerce
OMDS	Organisation mondiale du développement social
ONU	Organisation des Nations unies
OTAN	Organisation du Traité de l'Atlantique nord
PAS	Plan d'ajustement structurel
PIB	Produit intérieur brut
PMA	Pays moins avancés
PNUD	Programme des Nations unies pour le Développement
RMI	Revenu minimum d'insertion
SMIC	Salaire minimum interprofessionnel de croissance
UE	Union européenne

INTRODUCTION

EN CE 11 SEPTEMBRE 2001, l'humanité, disait-on, venait de basculer dans le XXIᵉ siècle : « *Rien ne sera plus jamais comme avant...* », répétait à l'envi la presse internationale.

Quel était donc ce nouveau terrorisme qui venait de se manifester avec éclat ? Et quel était cet « avant » que l'on ne devait plus revoir ?

Le terrorisme en tant que tel n'est certes pas un phénomène récent : l'Irlande où s'affrontent catholiques et protestants, le Pays basque espagnol au sein duquel l'ETA poursuit ses attentats, la Corse où une minorité d'indépendantistes métissés d'intérêts non exempts parfois de liens mafieux en sont, parmi d'autres, l'illustration toujours bruyante et parfois sanglante. Les indépendantistes irlandais, poursuivant leur grève de la faim jusqu'à ce que mort s'ensuive ne préludaient-ils pas en quelque sorte au phénomène kamikaze dont les tours de Manhattan venait de faire l'objet ? Mais ces terrorismes-là se déroulaient sur des territoires bien localisés, à l'intérieur des nations et reposaient sur des revendications précises. Ce qui était nouveau, dans ce dernier attentat, c'étaient la dimension mondiale et le caractère diffus autant qu'insaisissable du phénomène. Ses attaches principales se situaient sans aucun doute en Afghanistan où le régime taliban lui fournissait asile, bases et protection. Mais on savait qu'il étendait ses ramifications et possédait des centres d'entraînement dans plusieurs pays, essentiellement musulmans, disséminés sur l'ensemble de la planète. A l'ère de la mondialisation néolibérale – nous allons voir ce qu'il faut entendre par là – le terrorisme lui-même venait de se mondialiser.

Terrorisme ou résistance ? L'histoire montre que le même phénomène revêt l'une ou l'autre qualification, selon que le pouvoir contre lequel on se dresse reste encore en place ou qu'il a été renversé – la lutte contre l'occupation allemande en Europe lors du dernier conflit mondial en est un exemple. Toute résistance ne serait-elle donc qu'un terrorisme qui a réussi et le « terrorisme » d'aujourd'hui serait-il une résistance en puissance, s'il atteint un jour ses objectifs… d'ailleurs mal explicités ? Nous savons bien qu'il ne faut pas confondre les deux phénomènes et nous voudrions proposer deux critères – qui doivent être simultanément satisfaits - permettant d'opérer la distinction : la légitimité des fins et la légitimité des moyens. Légitimé des fins d'abord, car on ne saurait confondre la cause d'un peuple qui lutte pour affirmer son droit à l'existence ou à la liberté, avec la contestation du droit d'un autre à l'existence ou à la liberté. Légitimité des moyens ensuite : une résistance digne de ce nom combat des forces armées et non des populations civiles innocentes, il n'y a pas ici de population collectivement coupable du seul fait de son appartenance ethnique, religieuse, nationale ou idéologique. De ce point de vue, le caractère terroriste de l'horreur déclenchée à Manhattan ne laisse aucun doute. Ces critères nous permettent d'affirmer que s'il y a des terrorismes « de l'ombre », il y a aussi des terrorismes d'État lorsque celui-ci tolère l'existence de milices privées – et parfois déploie ses propres forces militaires – afin de massacrer des populations civiles et de s'approprier leurs territoires. La puissance voisine qui soutient plus ou moins discrètement de tels agissements se fait elle-même complice de ce terrorisme-là. Le « terrorisme d'État » ne justifie pas l'autre, mais il faut savoir qu'il existe et qu'il peut contribuer à l'expliquer. Nous y reviendrons.

« L'avant » que l'on ne devait paraît-il plus revoir, c'était celui d'une puissance orgueilleuse, isolée dans l'inviolabilité de ses frontières, affirmant hautement une idéologie et l'imposant au monde. Idéologie formulée, au début des années 1980, par les gouvernements du G7, – États-Unis, Canada, Japon, Grande-Bretagne, Allemagne, France, Italie – agissant à l'initiative du plus puissant d'entre eux. On peut, avec Dominique Plihon, la résumer ainsi :

> « Le mieux-être des peuples passe par l'ouverture des frontières, la libéralisation du commerce et de la finance, la déréglementation et les privatisations ; le recul des dépenses publiques et des impôts au profit des activités privées, la primauté des investissements internationaux et des marchés financiers ; en somme, le déclin du politique et de l'État, au profit des intérêts privés[1]. »

La doctrine du néolibéralisme venait de voir le jour à travers les dix points d'une déclaration que l'économiste John Williamson désignait d'une expression appelée à connaître un très grand succès : le « consensus de Washington ».

La mise en œuvre politique était simultanée : dès 1982, sous l'impulsion du président Reagan et de madame Thatcher, progressivement tous les obstacles à la libre circulation des capitaux, à la libre fluctuation de leurs cours et à la spéculation étaient supprimés à l'échelle du monde.

Le prix Nobel d'économie américain Milton Friedman, apôtre de cette politique depuis des années, en avait promis monts et merveilles : la prospérité grâce à la libération des énergies individuelles, la résorption des inégalités du fait que les capitaux se porteraient spontanément vers les lieux où, les besoins étant moins bien couverts, les perspectives de profit y seraient plus grandes ; la stabilité autour du niveau indiqué par la parité du pouvoir d'achat des monnaies, grâce à la vente et à l'achat des devises respectivement trop chères ou bon marché par rapport à ce niveau[2].

En ce qui concerne la libération des énergies productives et la stimulation des activités, la prophétie n'était sans doute pas fausse. Mais la création de richesses n'a de sens que si elle profite à tous. Et c'est là que le bât blesse. M. Friedman ne savait sans doute pas – ou ne voulait pas savoir – que les capitaux ne s'orientent pas vers les lieux où les besoins ne sont pas couverts, mais vers ceux où l'investissement est le plus rentable, c'est-à-dire vers les pays riches ; il ignorait, sans aucun doute, que le cours des devises ne reflète pas l'état présent des marchés, mais les anticipations sur leur situation attendue ; il n'avait apparemment pas entendu parler des phénomènes d'amplification par lesquels les écarts, loin de se résorber, se nourrissent et s'amplifient mutuellement... C'est dommage, car la plupart des manuels d'économie pour débutants expliquent fort bien ces choses-là.

Cette politique se déployait au moment où une formidable mutation technologique venait bouleverser les conditions économiques sur la planète. Le développement des nouvelles technologies de l'information et de la communication (NTIC) dont l'ordinateur constitue le symbole, déplaçait les moteurs du développement du champ de l'énergie à celui de l'immatériel : l'information, la formation, l'organisation, le savoir ; codes symboles et messages en devenaient les nouveaux vecteurs. Une « autre » économie naissait, différente dans ses modes de fonctionnement[3] comme dans ses structures et ses performances. Porteuse d'espérance sans aucun doute, car rapprochant les hommes dans l'espace ; véritablement mondialisée, en ce sens qu'elle faisait du monde une unité, où tout est interdépendant, vécu en temps réel ; accomplissant les performances de productivité qui permettaient, à la fois, d'envisager la couverture des besoins fondamentaux de tous les humains sur la planète et d'opérer la relève de l'homme au travail par la machine ; réduisant les quantités de matière et d'énergie nécessaires par unité de produit national et réduisant donc d'autant les pressions exercées par l'appareil productif sur le milieu naturel.

Mais, comme toute évolution, celle-ci est ambivalente ; elle n'est en définitive que ce que les hommes en font. Or, ce qu'ils en ont fait découle de la politique mise en œuvre dans les années 1980. Un nouvel ordre économique, sensiblement différent du précédent, se mettait en place. En libérant les mouvements de capitaux de tout contrôle étatique, cette politique déplaçait le pouvoir économique de la sphère publique des États à la sphère privée de la finance internationale. Fonds de pensions, fonds de spéculation, banques, assurances... possèdent désormais la « puissance de feu » qui leur permet de faire la loi sur la planète : ils contrôlent en effet une masse de liquidités de l'ordre de 30 000 milliards de dollars, supérieure au produit mondial d'une année et une seule journée de spéculation sur devises représente l'équivalent de toutes les réserves d'or et de devises des grandes banques centrales du monde. C'est dire qu'il n'y a pas de nation ou d'entreprise qui puisse résister à leurs pressions. C'est une logique actionnariale de fructification rapide des patrimoines financiers qui caractérise désormais le système.

Et cela change tout car, contrairement au salaire et au profit qui, tout au long des Trente Glorieuses dans les pays industrialisés se nourrissaient mutuellement, le dividende ne se nourrit que des prélèvements qu'il effectue sur les autres revenus. Le rapprochement des peuples se transforme alors en inégalités croissantes car les capitaux s'investissent prioritairement dans les zones riches où résident les perpectives de gains les plus favorables et les meilleures conditions de sécurité ; en allant et venant au gré des anticipations, ils déstabilisent les régions les plus vulnérables, comme l'Asie du Sud-Est en 1997-1998. Les productions – en moyenne suffisantes pour satisfaire les besoins fondamentaux de tous, à l'échelle de la planète – se concentrent en fait dans les régions favorisées cependant que 815 millions d'êtres humains dans le monde restent sous-alimentés. Le système sait produire mais non partager.

Une relève de la force de travail qui bénéficierait à tous supposerait une réduction du temps de travail dont on peut douter que les salariés accepteraient qu'elle s'accompagne d'une réduction équivalente des salaires. En un mot, elle se traduirait par un partage, entre les détenteurs du capital et la main-d'œuvre, des gains de productivité permettant cette relève.

A l'opposé, le licenciement et la flexibilité permettent au pouvoir dominant du capital d'éviter ce partage et de conserver pour lui-même les gains de productivité.

La course à la productivité épuise la nature, multiplie les déchets, détruit les régulations de la biosphère et menace donc le destin des générations futures. En un mot, partout, la froide logique du gain monétaire s'impose au détriment de l'environnement et des finalités sociales de l'économie. Le très bel ouvrage *La Grande Désillusion* du prix Nobel d'économie Joseph E. Stiglitz[4], illustre remarquablement la façon dont cette politique, mise en œuvre par le Fonds monétaire international (FMI) dans les pays ayant besoin de ses capitaux, provoque les pires catastrophes et entretient chez toutes les victimes, les pires rancœurs. Désillusion, frustration, ressentiment envers l'économie dominante qui impose, parfois par la force, cette politique sacrifiant les plus démunis au profit des possédants et des puissants. Ressentiment également envers les institutions internationales – comme la Banque mondiale et surtout le FMI ou l'Organisation mondiale du commerce (OMC) – qui sont les fers de lance de cette politique.

L'économie de cet « avant-11 septembre » que nous sommes censés ne pas revoir, confondant les fins et les moyens avait donc perdu « le sens du sens », devenant insensée au sens propre. Mais du même coup, elle perdait toute notion de limites. Quand l'instrument économique se substitue à la finalité au lieu de la servir, les frontières entre le moral et l'immoral, le légitime et l'illégitime, disparaissent. On voit alors prospérer une économie en marge de la légalité : paradis fiscaux, blanchiment de l'argent des activités criminelles, argent propre, argent sale, malversations, interfèrent de plus en plus étroitement. Sans la bienveillance du banquier « propre », sans la complicité de l'avocat et du conseiller juridique ou financier « honorable » ayant pignon sur rue, sans la « compréhension » des gouvernements, les activités de l'ombre ne pourraient revêtir l'importance qui est désormais la leur. Sans les paradis fiscaux, bien des firmes transnationales ne pourraient, en y localisant des opérations fictives, tourner la loi fiscale pour fausser les lois de la concurrence.

– Cet *avant* réunissait donc toutes les conditions requises pour provoquer le désespoir puis l'action et la réaction des peuples. Car, dans l'ombre, grandissait le fanatisme qui trouverait dans cette situation un excellent terrain pour se développer.

Double réaction donc : pacifique tout d'abord, manifestée notamment à travers les grandes mobilisations, à la fois joyeuses et studieuses (on y a beaucoup travaillé) de Porto Alegre lors des deux forums sociaux mondiaux de janvier 2001 et de janvier 2002... sanglante aussi, celle de Manhattan, sur laquelle nous devons nous interroger pour tenter d'en conjurer le renouvellement.

– Puis est venu *l'après Manhattan*. Il a semblé, un temps très bref, que cet ordre-là vacillait sur des fondements et que peut-être une nouvelle page s'ouvrait à l'histoire des hommes. Mais cela n'a pas duré. Le propre des médiocres est que, vivant les événements au coup par coup, ils se rassurent vite et l'ampleur de leurs retours en arrière n'a d'égale que la frayeur qui avait conditionné leurs premiers retournements. Alors le monde s'enfonce dans la situation d'où ont surgi des drames dont on peut prévoir, hélas, le renouvellement. A moins que le « capitalisme actionnarial », allant jusqu'au bout de ses contradictions, ne s'effondre avant que ne se reproduisent de telles tragédies.

– Mais dans les deux cas, le coût humain en termes de victimes innocentes – populations massacrées ou réduites à la misère – serait tel qu'il nous faut préciser les grands axes d'une politique permettant de *maîtriser l'avenir* afin de devancer la réalisation de ces hypothèses funestes.

PREMIÈRE PARTIE

Avant Manhattan : le terrorisme, fruit empoisonné de la mondialisation néolibérale

LE TERRORISME TEL QU'IL S'EST MANIFESTÉ LE 11 SEPTEMBRE ne surgit pas du néant. Il ne s'agit pas ici d'en retracer la genèse, assurément complexe, mais plutôt de montrer comment il a prospéré, comment de terrorisme, il est devenu hyperterrorisme. Le fruit empoisonné qu'est le terrorisme n'est devenu ce qu'il est que parce qu'il a pu bénéficier des nutriments et des facteurs adéquats pour sa croissance. Après tout, si la graine de la haine est montée aussi haut, on peut aussi imaginer qu'elle aurait pu rester enfouie dans un sol trop sec pour elle sans jamais pouvoir germer.

Mais elle s'est trouvé un terreau qui lui convenait, celui de la misère, de l'humiliation et du délitement des valeurs. Comme si cela ne suffisait pas, ce terreau s'est trouvé enrichi par un engrais, celui de l'argent de l'illégalité, du blanchiment et des paradis fiscaux.

Chapitre premier

Le terreau : la misère, l'humiliation et le délitement des valeurs

L'HORREUR ET LE TRAUMATISME sans précédent qui ont saisi l'Occident, sinon la planète, à l'annonce des attentats du 11 septembre 2001 auront au moins suscité une prise de conscience peut-être salutaire. Peu de commentateurs en effet ont refusé d'y lire les symptômes d'un véritable basculement du monde ou de sa mutation, ni d'éluder les rapports de ce terrorisme de type nouveau avec les méfaits d'une mondialisation économique placée sous le signe du dogme dit néolibéral.

Terreur-monde contre société-monde

En disant cela, nous ne confondons pas le milieu favorable à l'épanouissement d'un phénomène avec sa cause première. Al-Qaïda trouve ses racines, non dans l'économie, mais dans une des formes les plus rétrogrades et les plus obtuses de l'obscurantisme religieux. Selon Abdelwahab Meddeb, professeur

de littérature comparée à l'université Paris X Nanterre[1], c'est
à la fin du XIXe siècle, qu'une tentative des théologiens réfor-
mistes égyptiens, visant à ouvrir l'islam sur l'Occident et à
le moderniser, provoque une vive réaction du fondateur des
Frères musulmans, Hassan Al Banna. Celui-ci propose alors
une relecture du Coran favorisant ses versets les plus belli-
queux et ranime le concept de Guerre Sainte. Ainsi s'affirme,
dans les années 1920, un anti-occidentalisme musulman dans
lequel s'inscrit Al-Qaïda. Nous retrouverons deux de ses
idées maîtresses dans le mouvement actuel :

– d'une part, la guerre extérieure contre l'infidèle prend
le pas sur le travail effectué sur soi-même ou *djihad* intérieur ;

– d'autre part, une culture de la mort fondée sur l'inter-
prétation littérale d'un texte d'Al Banna par lequel les kamikazes justifieront leur sacrifice : « La communauté qui maîtrise
à la perfection la technique de la mort, Dieu lui offrira une
précieuse vie dans ce bas monde et la félicité dans l'au-delà. »

C'est ce fondamentalisme-là que, bien avant Manhattan,
nous avons vu se manifester dans l'Iran de Khomeiny, en Irak
et dans les massacres dont est victime la population algérienne.

La question que nous nous posons est celle des circonstances et des conditions qui ont pu favoriser l'épanouissement
de telles conceptions aussi décalées par rapport aux réalités
de notre époque.

Des politologues avaient déjà établi que le terrorisme dans
le monde est l'arme ultime des pauvres contre l'oppression
des nantis, mais l'hyperterrorisme d'aujourd'hui, actionné en
l'occurrence par des individus fortunés ou instruits, n'est
pas simplement réductible à une « revanche des pauvres »
ou du « Sud ». Il apparaît plutôt par beaucoup de ses traits
comme inséparable des maux divers qui sévissent – du Sud
au Nord – dans une humanité livrée sans défense à l'écrasante omnipotence des nouveaux maîtres du monde. Au premier rang desquels, surtout depuis l'effondrement de l'URSS,
figure l'État qui incarne leur leadership autant économique

que militaire : l'hyperpuissance étasunienne, devenue ainsi, *nolens volens*, l'emblème désigné du Satan à abattre.

Il ne s'agit surtout pas ici de démoniser la mondialisation. Avant que Valéry ne signale, dès 1931, que « le temps du monde fini » avait commencé, d'autres mondialisations, moins complètes, avaient eu lieu dans le passé, notamment à la Renaissance ou au XIXᵉ siècle. Mais, remarque l'historien Jacques Le Goff[2], celle d'aujourd'hui, avec le primat donné à l'aspect économique des choses, « crée ou en tout cas exacerbe les oppositions entre pauvres et riches ou dominants ». Et de noter, qu'à côté de leurs indéniables bienfaits, par exemple dans la diffusion du savoir ou de la médecine, les mondialisations se sont accompagnées, non seulement d'une inévitable paupérisation, mais aussi du « viol des cultures » et même parfois de la destruction de « l'histoire et de la mémoire des peuples », poussant ceux-ci au désespoir et à la révolte. Comment ne pas voir aujourd'hui, derrière les éruptions intégristes mortifères une dépossession culturelle et une perte des repères de peuples entiers, qui ne se situent pas exclusivement au Sud de la planète ?

Mais le regard occidental dominant, surtout focalisé sur l'horreur et l'amoralité du terrorisme à la Ben Laden, n'est-il pas trop égocentrique pour en détecter les fondements ? Ainsi, formulons une première interrogation : dans notre monde déréglementé, livré à la seule logique financière des multinationales qui conduit à l'effondrement de pays (Argentine) ou de continents entiers (Afrique), guerres, terreur et terrorisme ne sont-ils pas déjà omniprésents ? Aussi bien ne faudrait-il pas après Manhattan parler plus lucidement de « terreur contre terreur » ou, pour le moins, de « terrorisme contre terreur » ? Constatant qu'aussi bien en Irak – soumis à un embargo pétrolier catastrophique – qu'au Soudan, en Algérie, et bien ailleurs, les guerres civiles et leurs séquelles ont provoqué des dizaines ou des centaines de milliers de morts, le chercheur Farhad Khosrokhavar[3] explique que, dans ces conditions, les couches populaires de ces pays ne sont pas forcément disposées à s'indigner outre mesure aujourd'hui de la mort de quelques milliers de personnes quelque part en Occident.

> « La mort, écrit-il, pour les couches démunies d'une grande partie des sociétés musulmanes, ne constitue-t-elle pas "le face à face avec la vie quotidienne" ? [...] Immense est le poids du sentiment souvent mythique mais d'une efficacité symbolique redoutable, de subir cette mort comme conséquence d'une politique impériale américaine (et plus largement occidentale) qui n'applique pas les mêmes droits de l'homme des deux côtés de la barrière. »

Mais on ne saurait se limiter au Sud quand on peut déceler l'une des origines du 11 septembre au cœur même du Nord, et dans une des citadelles de l'ultralibéralisme : New-York ! Dans la mesure où l'effondrement soudain des *Twin Towers* du *World Trade Center* a révélé la fragilité de la suprématie américaine, son fonctionnement lui-même n'en serait-il pas quelque peu responsable ? De fait, comme l'a judicieusement observé le sociologue Ulrich Beck[4], en décidant de privatiser la sécurité aérienne de New York, celle-ci y a été (bien mal) confiée à des travailleurs à temps partiel, « formés » en quelques heures dans le cadre d'un CDD de six mois ! Ainsi les méthodes néolibérales de flexibilité du travail sont-elles directement impliquées dans la funeste vulnérabilité de leur modèle étasunien.

Sans céder à l'anti-américanisme primaire, la leçon est cruelle pour ceux qui voudraient focaliser les causes du nouveau terrorisme au Sud : en l'occurrence le Sud était au Nord. On ne saurait dès lors s'étonner de voir le politologue américain Benjamin Barber[5] considérer « la terreur comme le produit de l'anarchie globale ». A savoir que le désordre mondial organisé, à partir duquel les agents financiers s'emploient à tirer d'immenses profits, rejoint celui qu'utilise l'hyperterrorisme. Comme l'écrit pour sa part le sociologue Edgar Morin[6] à propos d'Al-Qaïda : « La mondialisation techno-économique a permis une mondialisation terroriste », une « terreur-monde contre une société-monde ».

Une mutation technologique sans précédent

Pas plus cependant que le nouveau terrorisme et sa démence sacrificielle ne doivent nous faire épouser le manichéisme de Georges W. Bush, il ne faudrait le réduire en bloc aux dégâts recouvrant l'expression, devenue cliché, de mondialisation néolibérale. Car pour les adversaires de cette dernière, assimilés à tort par les médias à des « antimondialisation »[7], il importe avant tout (nous l'avons vu d'entrée) de distinguer soigneusement les deux termes du couple, de démystifier leur confusion. De voir comment en réalité une politique économique ultra ou néolibérale, sorte de religion auto-proclamée, a pu littéralement pervertir les immenses promesses humaines ouvertes par la mutation technologique de l'immatériel et l'ouverture au monde qu'elle induit.

Il est en effet difficile en cette affaire de saisir la nouveauté de l'hyperterrorisme actuel sans comprendre que la globalisation planétaire qui l'a permis ne relève pas d'une crise de notre société-monde, mais d'une véritable mutation. La stupeur qui nous a frappés le 11 septembre 2001, comme si nous avions le sentiment qu'une page d'histoire était tournée, est à la mesure de notre méconnaissance de l'ampleur de cette mutation[8]. Disons qu'il s'agit en réalité d'un véritable « changement d'ère »[9]. Quand les ressorts du développement économique tendent à passer de l'exploitation millénaire de l'énergie – solaire, fossile puis nucléaire - à celles des forces de l'immatériel, liées à l'irruption de l'informatique, on peut en effet parler avec l'anthropologue, André Leroi-Gourhan, d'une « sortie du néolithique » !

Ainsi l'ordinateur, instrument technologique décisif de la mutation, qui permet une communication temporelle et

spatiale quasi instantanée, va donner le primat au virtuel, c'est-
à-dire à la manipulation des codes, messages et symboles.
Autre conséquence structurelle : la communication inter-per-
sonnelle ou d'entreprise, jusque-là linéaire, va se démultiplier
puissamment par son fonctionnement en réseaux interdé-
pendants – sur le modèle desquels s'en créeront d'autres
comme celui insaisissable d'Al-Qaïda. Leur interconnexion
mondiale va permettre à Internet, instrument en plein développement, d'unifier les contacts planétaires parmi lesquels
ceux des mafias de toutes sortes. Les thuriféraires de cette révolution technologique ont pu renchérir à juste titre sur les progrès sociétaux gigantesques qu'elle devait logiquement
entraîner. Ainsi la surproduction quasi illimitée et à faible coût
ouverte par l'informatisation a permis d'entrevoir dans des
domaines essentiels comme ceux de l'agro-alimentaire, du biologique (bio-technologies), de la santé, du savoir mais aussi
de l'allègement du travail, de la pauvreté ou de la faim (à même
d'être vaincue) des améliorations radicales au bénéfice d'une
nouvelle solidarité humaine. Pourquoi donc la « bonne nouvelle » ne s'est-elle pas concrétisée ?

Pourquoi, de fait, le tableau d'ensemble de nos sociétés
paraît-il s'être singulièrement assombri ? Pourquoi cette « horreur économique » globale, constat d'une régression inouïe
vers ce qu'on a taxé de financiarisation du monde : la logique
devenue dominante des marchés financiers aggravant les
inégalités au sein de la planète ? Pour au moins deux raisons.
En premier lieu – il nous faut y revenir – l'informatisation
d'une économie capitaliste rentière a fait tomber les frontières nationales, et offre subitement un champ illimité au
déchaînement de la spéculation internationale. La grande
bénéficiaire en a donc été la sphère des marchés financiers
s'appropriant progressivement le pouvoir détenu jusqu'a-
lors par l'industrie et l'État-nation. Ceci grâce au poids
majeur des institutions financières, des firmes transnationales
et surtout à la puissance politique des institutions mondiales

à leur service : FMI, Banque mondiale ou OMC dictant leur loi aux États (avec d'ailleurs leur complicité). Mais ajoutons ensuite que cette évolution, « naturelle » dans le cadre des rapports de production et de propriété capitalistes existants, a été largement facilitée sinon légitimée au niveau idéologique par le matraquage de la fameuse « pensée unique », précisément néolibérale.

Cette nouvelle orthodoxie économique prêchée d'abord aux États-Unis et en Grande-Bretagne, portée par toutes les institutions du système établi et illustrée par les *Chicago boys*, a donné le primat à l'économique aux dépens du politique et du social et abouti au totalitarisme des marchés financiers. On connaît leurs dogmes, aussi répandus aujourd'hui que contestés : libre-échange généralisé, strict monétarisme (à l'ombre du dollar-roi), privatisation et déréglementation systématiques, État faible, occultation ou mépris des coûts écologiques du productivisme. Un de ces idéologues, Francis Fukuyama, a même pu voir ici, dans ce qu'il proclame le « règne du calcul économique », une « fin de l'histoire »

Creusement des inégalités et marchandisation forcenée

En constatant aujourd'hui les conséquences de cette exploitation délibérément ultralibérale de la mondialisation, on peut résumer schématiquement l'œuvre des « 100 nouveaux maîtres du monde » – selon un rapport récent de la Conférence des Nations unies sur le commerce et le développement (CNUCED) – en les accusant d'avoir bel et bien triplement perverti : le rapprochement des peuples en fracture ; l'allégement du travail humain en exclusion sociale et le management des ressources naturelles en saccage et marchandisation intégrale. Et c'est ainsi qu'on a semé les ferments de la barbarie terroriste.

Le grand rêve des Condorcet et Hugo d'un rapprochement des hommes entre eux selon des principes inspirés de la

Révolution française de 1789 – plus d'égalité et de fraternité – a-t-il semblé au moins trouver les moyens de son accomplissement ? On pourrait le croire quand, de 1970 à 1999, le revenu moyen par habitant dans le monde a augmenté de 25 %, résultat d'une croissance de la productivité que le FMI s'empressait d'attribuer à la mondialisation néolibérale. Grâce à leur informatisation et aux réformes structurelles prescrites, les pays du Sud allaient ainsi combler leur retard par rapport à ceux du Nord pour devenir « compétitifs » Le mythe, hélas, n'allait pas tarder à s'effondrer.

La globalisation, dans son double aspect de financiarisation et de marchandisation du monde a en effet généré en parallèle une explosion des inégalités : dans le Sud, certes, mais également au sein des pays développés. Elle produit aussi par les désagrégations, notamment étatiques, qu'elle provoque, la multiplication des zones de non-droit, fertilisant, comme en Somalie ou dans certaines régions des Philippines, le terreau du terrorisme.

Ne donnons qu'une illustration de ses résultats. Alors que s'ouvrait en juin 2002 le second Sommet mondial de l'alimentation, sous l'égide de l'Organisation des Nations unies pour l'alimentation et l'agriculture (FAO), on dénombrait, répétons-le, près de 815 millions de personnes sous-alimentées dans les pays en développement, ce simple constat signait un échec accablant par rapport aux objectifs fixés six ans plus tôt. Le premier sommet de 1996 n'avait-il pas prévu de réduire ce chiffre de moitié d'ici 2015. L'espoir sera reporté, faute de mieux à… 2035. S'il est vrai que la question de fond, déclarait à la FAO José Bové, était de « protéger les agricultures du Sud contre le dumping des exportations du Nord », c'est encore le problème de la libéralisation, sans frein ni protection, des échanges qui était posé par les ONG présentes. A noter de plus que l'Europe de l'Est et la Russie, avec la malnutrition de vingt-sept millions de personnes, et les pays « développés » avec onze millions subissant le même sort, ne sont pas épargnés. Les faits sont donc têtus : jamais les inégalités mondiales n'ont été aussi fortes sur un globe dont les quelque cent maîtres (multinationales et banques) sont devenus aussi peu nombreux que puissants.

Se rend-on bien compte que 54 % de la population mondiale, soit 2,7 milliards d'habitants, vivent aujourd'hui avec moins de 2 dollars par jour et 1,3 milliards (22 % de la population mondiale) avec moins de 1 dollar (seuil de pauvreté absolu) ? Ce dénuement s'est particulièrement développé dans les pays les moins avancés (PMA), augmentant de 4 % entre 1993 et 1998, pour toucher 437 millions de personnes. De plus, pour ces pays, la fuite des capitaux s'est accélérée avec la libéralisation financière : c'était le cas pour 40 % des capitaux[10] de l'Afrique au début des années 1990. Même les surpuissants États-Unis d'Amérique, modèle du néolibéralisme, comptent 45 millions d'habitants vivant en dessous du seuil de pauvreté et 52 millions d'illettrés. Mais alors que 1 % de la population étatsunienne concentrait 33,8 % des richesses mondiales en 1983, elle en détenait 38,1 % en 1998. Les 225 plus grosses fortunes du monde représentent aussi aujourd'hui l'équivalent du revenu annuel de 47 % des plus pauvres, soit 2,5 milliards de personnes, et de simples individus sont désormais plus riches que des États. Tel est le résultat de deux décennies d'accélération des échanges et de la concentration des firmes et des banques suscitées par le système régnant.

Par ailleurs, la compétition entre inégaux était nécessairement défavorable aux plus faibles. Ainsi, après l'adhésion du Mexique au traité nord-américain de libre-échange dit de l'Alena en 1993, une enquête, lancée au lendemain de la crise de 1997 du Sud-Est asiatique, établissait que plus de la moitié de la population mexicaine était devenue « extrêmement pauvre », contre un tiers quatre ans auparavant. Alors que l'instrument jugé décisif du développement, Internet, touchait en 1997 plus de 90 % de la population parmi les

20 % les plus riches, il n'avait encore atteint que 0,2 % de la population parmi les 20 % les plus pauvres. Tous les indices s'accordent à constater la montée des inégalités. Ainsi en 1998, les 20 % les plus riches disposaient de 86 % du Produit brut mondial, et les 20 % les plus pauvres de 1 %. L'écart des revenus était passé, selon le Programme des Nations unies pour le développement (PNUD), de 74 à 1 en 1997 contre 60 à 1 en 1990 et 30 à 1 en 1960.

Cette fracture planétaire qui ne cesse de s'aggraver n'a pas été provoquée par un simple accident conjoncturel qui relèverait d'une compétition économique à armes égales. Parmi les causes structurelles de l'appauvrissement des pays du Sud figure le poids de la dette aggravé par les plans d'ajustement structurel (PAS) imposés en échange de ses prêts par le FMI, organe des pays les plus riches, en tête desquels les États-Unis. Bien entendu, selon les avocats du FMI, parmi les pays pauvres, seuls ceux qui ont appliqué les préceptes libéraux se seraient développés, accédant au statut des pays émergents. L'argument est faux. Ainsi les pays en question, comme l'Inde, la Chine ou la Corée du Sud n'ont pu mettre en place les conditions de leur développement que grâce aux pratiques protectionnistes et dirigistes de leur État alors que ceux qui ont appliqué à la lettre les recettes du FMI, comme l'Argentine, loin de s'en sortir sont parfois conduits sans pitié à la banqueroute. Les statistiques sont éloquentes. De 1980 à 1998, en dépit de clivages considérables entre nations du Sud, la part de ces dernières dans la richesse mondiale a régressé, passant de 29 % à 24,5 %. Et ce, malgré leur progression démographique qui a vu croître leur population de deux milliards d'habitants supplémentaires pendant cette même période. Dans la mesure où la communication mondialisée a rendu cette inégalité beaucoup plus voyante et sensible, comment le sentiment d'indignité de ses victimes n'en grandirait-il pas d'autant ?

N'oublions pas aussi, en rapport direct avec notre propos, que les diktats néo-libéraux, sont loin, on le sait, d'avoir épargné les échanges de produits et services proprement culturels, dont le volume a triplé. Il en est résulté, grâce notamment à l'invasion de la publicité, une uniformisation standardisante (qu'on songe après les films hollywoodiens aux Mac Donald's et autres Disneyland) dans tous les domaines de la culture, de l'information à l'art en passant par l'éducation. Cette standardisation s'opère au mépris des traditions des peuples, de leur spécificité identitaire et de leurs valeurs, qu'elles soient laïques ou religieuses. Ce laminage des cultures par une commercialisation mutilante n'est pas sans lien avec le désarroi et la perte des repères qui favorisent les poussées de violence intégristes.

Au lourd passif encore de cette globalisation, c'est l'antique rêve progressiste de la machine, instrument de la libération du travail, cette peine millénaire, et la perspective d'un temps plus humain qui ont été singulièrement trahis. La machine ne devait-elle pas, en réduisant le temps de travail contraint, nous alléger de cette servitude première. Ne devait-elle pas permettre d'en finir avec la misère et la faim ? Comment cette relève prévue de l'homme par la machine, aujourd'hui décuplée par les forces de l'immatériel, s'est-elle donc dénaturée en chômage endémique, exclusion, paupérisation et précarisation généralisés ? Le productivisme illimité, suscité par l'informationnel d'une part et le règne de la spéculation boursière de l'autre, semblent avoir inversé jusqu'aux finalités sociales quand le sacrifice des hommes, leur « flexibilité » sans limites, deviennent le moyen choisi pour générer le plus de profit possible. Cela correspond tout à fait à la logique du système puisque l'Organisation de coopération et de développement économiques (OCDE) elle-même n'hésite pas à cautionner cette pratique en déclarant que la nécessaire modération salariale exige « un niveau plus élevé de chômage conjoncturel[11] ! » au nom de la compétitivité, l'un des « fondamentaux » de la nouvelle bible.

Le tableau des retournements que la politique néolibérale inflige à la mondialisation serait incomplet si l'on n'y joignait pas les atteintes qui pèsent sur notre environnement naturel (déjà largement pollué), son saccage et sa marchandisation, qui menacent la vie des générations futures. Or les écologistes sont unanimes : tant que la course productiviste se poursuivra, rien ne pourra empêcher la dégradation de la planète et ses conséquences humaines redoutables : OGM dans l'agriculture, effet de serre destructeur du climat, et appropriation du vivant par les multinationales. Cette marchandisation du vivant, exploitée par les mafias dont certaines se spécialisent dans le trafic d'organes, et illustrée par la tentative de brevetabilité du génome humain, reflète bien la généralisation d'une société de marché qui n'a plus que l'argent comme finalité. Cette obsession met en évidence l'absence de projet culturel et civilisationnel hors de la marchandisation progressive de toute activité humaine. Elle ne peut que générer un contre-discours fondamentaliste où une norme religieuse étriquée et imposée remplace le principe unificateur du marché.

Le délitement des valeurs

Sans doute cependant la « misère du monde » n'est-elle qu'un élément, majeur mais non univoque, pour bien comprendre l'émergence de l'hyperterrorisme. « La misère va devenir une nouvelle forme de guerre », déclarait ainsi de façon prémonitoire en juin 2001, Alpha Oumar Konaré, président du Mali. « Il n'y a pas de barrière efficace pour empêcher les gens de se battre pour survivre. » Il ajoutait : « Si la pauvreté ne recule pas on va au suicide collectif, à la violence… » Mais le président de la Banque mondiale, James D. Wolfensohn, pouvait doctement objecter : « La pauvreté n'est pas en elle-même et directement source de conflit et encore moins de terrorisme[12] ». On connaît l'argumentation : « Ce ne sont pas, en l'occurrence, les pauvres qui se révoltent mais les Ben Laden qui sont des gens riches ». En effet, ce ne sont pas forcément les peuples les plus pauvres qui sont en cause : certains n'ont même pas la force ni les moyens de réagir ; en revanche les Afghans et leurs Talibans, les Irakiens, les Iraniens ou les Philippins – tous indexés au terrorisme- compteraient-ils parmi les riches ? Ce n'est certainement pas par hasard si Al-Qaïda a pu s'établir dans un Afghanistan à l'État problématique et aux populations complètement éclatées et réduites à rien par vingt ans de guerre civile. De plus, la mentalité d'un Ben Laden, certes milliardaire, ou d'autres chefs d'Al-Qaïda, ne saurait être réductible à leur richesse.

Enfin et surtout bien que ce soient les symboles de l'impérialisme américain qui ont été frappés le 11 septembre – et non la statue de la Liberté – on prétend que c'est aux valeurs du monde occidental qu'« ils » s'en sont pris :

> « Ces criminels insensés nous haïssent [déclare Bush au lendemain de l'attentat] parce qu'ils haïssent nos valeurs occidentales de liberté et de démocratie [...] Je suis stupéfait, poursuit-il, qu'il y ait de tels malentendus sur ce que représente notre pays, que les gens nous haïssent. Je n'arrive pas à le croire. Parce que je sais que nous sommes bons. »

De même, selon Wolfensohn, « ce ne serait pas à notre richesse qu'ils s'en prennent mais à notre mode de vie, à nos libertés, à nos valeurs », ainsi, pour les Talibans et autres fondamentalistes, aux femmes libérées ou en mini-jupes de l'Occident. Certes, Ben Laden et ses émules ne vénèrent ni la démocratie ni la liberté. Il faut assurément analyser sans complaisance les divers ingrédients de ce terreau de décomposition sociale qui a nourri selon nous l'hyperterrorisme. Ainsi les meilleurs représentants de l'islam ont eux-mêmes condamné sans ménagement la folle dérive islamiste d'Al-Qaïda dans un fanatisme et une culture de mort dont les pseudo-valeurs prétendraient imposer leur domination contre les acquis universalistes de ce que nous nommons civilisation. Mais le problème reste de savoir comment ce discours et ces pratiques sinistres peuvent trouver tant d'écho dans certaines populations et réseaux (du Sud au Nord). En d'autres termes comment ces pulsions extrêmes se développent dans un monde bouleversé où inégalités, injustices et conflits interminables (ainsi en Israël-Palestine) atteignent des sommets inégalés.

A ce niveau, certains points relevant encore de la globalisation, nous éclairent. Il n'est pas sans incidence à cet égard de remarquer que le creusement des inégalités économiques, évidentes au Sud, mais qui n'épargnent pas les pays occidentaux (États-Unis, Grande-Bretagne, France) se transmet maintenant d'une génération à la suivante en fonction du milieu social. Avec la désespérance qu'elle suscite. En effet, alors qu'en Occident la succession des générations s'accompagnait au temps des « Trente Glorieuses » d'une montée des pouvoirs d'achat, légitimant la machine économique, le niveau de vie moyen des très jeunes ménages en France a baissé par exemple de 15 % entre 1989 et 1993, et les moins de 40 ans ont en moyenne un niveau de vie inférieur à l'ensemble des 50 ans. Le système scolaire est impuissant à modifier cette évolution, particulièrement démoralisante pour les jeunes.

D'autre part, la précarisation croissante du travail et de ses conditions d'insécurité sont sources de stress et d'agressivité permanents, générant des maladies quasi endémiques, comme la dépression, tandis qu'on assiste à une montée significative des suicides. On peut constater plus largement au plan spirituel que la « promotion » affichée des moyens (argent, pouvoir, etc.) au rang de fins a entraîné la dégradation des « causes » politiques, autrefois rassembleuses, et des valeurs d'hier.

Ainsi l'exclusion de masse ou le chômage, surtout non secouru, entraînent un délitement des valeurs et des raisons de vivre qui se traduit notamment par la banalisation de la corruption et la montée de la délinquance, de la violence et de la répression. En dix ans aux États-Unis la population carcérale a plus que doublé (passant de 750 000 à 1 750 000, soit en proportion sept fois plus qu'en France). Dans certains quartiers des grandes concentrations urbaines et américaines, la prison finit par remplacer l'allocation-chômage. Il suffit d'ailleurs de regarder ce qui se passe chez certains jeunes de nos banlieues sinon dans certaines communautés du Royaume-Uni, où la haine et la violence sont monnaie courante pour voir comment nos valeurs de civilisation peuvent se dévoyer dans des pathologies collectives telles que drogue, sectes ou fondamentalismes divers, lesquels constituent des viviers tout trouvés pour l'hyperterrorisme.

Il serait absurde en effet de ne voir dans l'émergence de l'hyperterrorisme que la génération, spontanée en quelque sorte, d'une culture de mort qu'il suffirait d'éradiquer. Ainsi la contamination mortifère du traditionnel *djihad* islamique sunnite (à dimension d'abord spirituelle) par le martyrisme suicidaire chiite de type iranien est loin d'être étrangère, soulignent les spécialistes de l'islam, comme Gilles Kepel et Farad Khoroskavar, à une « modernité » qui a provoqué « une certaine déstructuration des communautés musulmanes se déclinant chez les jeunes en termes de désespoir ». Derrière l'arsenal religieux qui légitime le djihado-martyrisme, précisent-ils, il y a d'abord des individus déracinés – Palestiniens du Hamas, Afghans, ou autres, Talibans – pour lesquels « l'impossibilité de bâtir un projet de vie conduit à une sorte de fascination de la mort[13] ».

Comment ne pas relier ce désespoir existentiel à ce que dénonçait Viviane Forrester dans *L'horreur économique*[14] : « Une société de l'informationnel qui n'aura plus besoin demain pour fonctionner que d'une partie de l'humanité ». Ainsi l'être humain prend conscience avec angoisse qu'il est en passe de devenir « superflu ». D'où la recherche sous toutes ses formes, y compris déviantes (drogue, sectes et violences), d'un « autre emploi de la vie humaine ». On conçoit mieux dès lors comment des oulémas islamistes peuvent greffer dans ces milieux une idéologie de guerre sainte et de purification de soi par le martyre. Au lieu donc d'anathémiser à notre tour le martyrisme intégriste, le vrai problème n'est-il pas d'essayer de comprendre comment ce fanatisme rétrograde, cette moderne barbarie, parvient à trouver écho dans certaines populations? Au-delà de la perdition de ces damnés dans une déréliction sans lendemain, on est dès lors conduit à mettre également en évidence parmi les causes de leur révolte le sentiment exacerbé d'humiliation que ceux-ci ressentent vis-à-vis du comportement de supériorité et de rejet des puissants; au premier rang desquels leur fer de lance : les États-Unis.

La stratégie du mépris

> « Nous sommes au centre [du monde], proclamait dès 1996 le sénateur américain Jesse Helms, et nous devons y rester [...] Les États-Unis doivent diriger le monde en portant le flambeau moral, politique et militaire du droit et de la force[15]. »

Comment cet hégémonisme arrogant, clairement réaffirmé par le président Bush, ce primat unilatéral et affiché de la force sur le droit ne serait-il pas inévitablement porteur de sa contre-violence parmi ceux qui s'en jugent victimes? Car si les formes spécifiques du terrorisme d'Al-Qaïda relèvent d'un intégrisme sacrificiel d'origine chiite, il n'a pas l'exclusive de ce culte du martyre dit « martyrisme » : on le retrouve ainsi au Sri-Lanka, en Palestine où, au-delà du Hamas, on voit le phénomène kamikaze se laïciser, se féminiser et se répandre dangereusement. Après les menaces proférées par G. W. Bush contre un certain nombre d'« États voyous » car suspectés de terrorisme, et surtout son alignement complet sur la politique belliciste de Sharon en Israël, on peut supposer que le héraut de la croisade du Bien contre le Mal n'avait pas singulièrement intérêt à cette démonisation.

« Mal interpréter son ennemi peut à terme entraîner la défaite – celle de l'interprète fautif. C'est ainsi que parfois s'écroulent les empires » avertit ainsi l'écrivain John Berger[16], qui propose une version plus lucide de « ce qui façonne un terroriste » et donne sens à son sacrifice :

> « [...] une façon de transcender une forme de désespoir (total) et, par le don de sa vie, lui donner sens ». Non pas, précise-t-il, pour le martyr, « le sens du suicide mais un sentiment de triomphe sur ceux qu'il est censé haïr ».

Aussi, prévoit-il sombrement que le refus pour ses adversaires d'imaginer cette donnée « accroîtra sans cesse le nombre de ses ennemis ».

C'est bien, sans doute, parce que l'hyperterrorisme anti-américain peut répondre à une logique de « valeur », qu'en dépit de ses aspects monstrueux, il y a tout lieu de penser que, comme l'écrit Steven C. Clemons[17], « beaucoup des élites de pays protégés par les États-Unis » (Arabie Saoudite et Emirats arabes) partagent largement la vision de Ben Laden quand il déclare – cité par Peter Bergen :

> « Après l'effondrement de l'URSS, les États-Unis ont commencé à se considérer comme les maîtres du monde en établissant ce qu'ils appellent un nouvel ordre mondial. Aujourd'hui ils appellent terroriste quiconque va à l'encontre de leur injustice. Ils veulent imposer leurs agents pour nous diriger et ils veulent que nous soyons d'accord. »

Si les moyens employés pour contrer cette volonté impériale n'en restent pas moins effroyables, la « cause » est au moins ici clairement motivée et ne saurait se ravaler sans simplisme à une vulgaire « incarnation du Mal ».

Il est de fait beaucoup plus crédible de voir dans la montée en puissance de l'hyperterrorisme une réplique, historique dans sa radicalité, de la stratégie d'hégémonie écrasante développée depuis la fin de la Guerre froide par Washington et à laquelle l'Afghanistan n'a pas échappé. En l'occurrence, aucun observateur sérieux ne saurait soutenir que c'est essentiellement, pour les États-Unis, au nom de leurs valeurs et par détestation morale, qu'ils sont intervenus pour détruire le régime des Talibans. Il s'agissait évidemment d'en finir avec les réseaux d'Al-Qaïda qu'il abritait… mais qu'ils connaissaient d'autant mieux que nos « justiciers sans limites » avaient longtemps frayé avec eux. Car l'histoire n'est plus secrète et, au-delà du 11 septembre, la vraie question posée est de saisir les causes du *retournement* soudain de Ben Laden et des siens contre les Américains.

En fait, c'est dès la mi-1979 que, selon les révélations du conseiller du président Clinton, Zbignew Brzezinski[18], la CIA a regroupé, armé et entretenu de ses deniers les groupes intégristes de la mouvance d'Al-Qaïda et recruté quelque 100 000 fanatiques pour renforcer les *moudjahid* afghans dans leur lutte de libération contre l'URSS. Et les rapports directs de la CIA avec ces forces, y compris avec Ben Laden, se sont poursuivis dans les années 1980 jusqu'en 1997. C'est aussi d'ailleurs avec l'appui des services secrets pakistanais (ISI), alliés à la CIA, que les Talibans ont pu vaincre. Outre son ambition de substituer son influence dans la région à celle de l'URSS – surtout après 1990 et l'effondrement de celle-ci- on sait que Washington lorgnait, entre autres, les énormes réserves pétrolières des anciennes républiques soviétiques : Kazakhstan, Azerbaïdjan, Turkménistan et Ouzbekistan, partiellement délivrées de la tutelle russe. Or, c'est à travers l'Afghanistan que doivent passer les oléoducs et gazoducs permettant de transporter cette manne de l'Asie centrale et la mer Caspienne vers la mer d'Arabie et l'océan Indien. Ce à quoi s'applique notamment la firme californienne Unocal, en construisant depuis 1998 ses pipelines qui traversent le pays sur 1 200 km. Intérêt d'Unocal oblige, Washington commence à l'époque par recevoir somptueusement à Houston plusieurs chefs talibans. Son indulgence plénière vis-à-vis d'un des régimes les plus rétrogrades de la planète se serait sans doute poursuivie si l'interlocuteur – pourtant intéressé lui aussi – avait su se montrer plus compréhensif. Al-Qaïda a bousculé mais non annulé ces plans. Car la guerre et le remplacement des Talibans par un régime qu'on espère plus docile aura le double avantage de protéger les oléoducs et de fermer à la Russie l'accès aux mers de l'hémisphère sud. Le calcul stratégique américain n'a donc nullement été déterminé, en dépit des propagandes médiatiques à destination occidentale, par une quelconque sensibilité aux Droits de l'homme.

Cependant, laissés à eux-mêmes, les islamistes mis en selle par la CIA, persévérèrent… mais pour leur propre compte. Pourquoi se retournèrent-ils alors contre les Américains ?

La raison majeure, idéologique, fut que beaucoup de ces islamistes, originaires d'Arabie Saoudite, ne purent tolérer l'installation des forces armées US dès 1990 dans le lieu le plus sacré de l'islam. Ils furent également révulsés par le traitement barbare infligé à l'Irak après la Guerre du Golfe et le soutien total apporté à un Israël de plus en plus conquérant. De là remonte le début des attentats si meurtriers d'Al-Qaïda contre les Américains dans divers pays, dont celui des tours de Manhattan – déjà attaquée en 1997 – ne fut que l'apogée. Comment s'étonner dès lors que cet accablant déni du monde arabe, tant géopolitique que religieux, ait contribué à faire de Ben Laden, jusque dans les pays les plus complaisants aux intérêts américains, une certaine « conscience du monde arabe » ? Comme l'a écrit crûment l'écrivaine indienne Arundhati Roy[19], Ben Laden est bien « le secret de famille de l'Amérique […] le double noir de son président ».

Cette stratégie du mépris n'a pas attendu l'élection du président G.W. Bush pour s'exprimer. Ainsi, en 1996, la démocrate Madeleine Albright, ambassadrice des États-Unis à l'Organisation des Nations unies (ONU), interrogée par la chaîne CBS sur la mort de 500 000 enfants irakiens en raison des sanctions économiques américaines n'affichait-t-elle pas un mépris aussi répugnant pour la vie des autres en répondant que « c'était un choix très difficile », mais que tout bien pesé « nous pensons que le prix en vaut la peine ». En dirait-elle autant s'il s'agissait d'enfants américains ?

« La brûlure d'être traité en êtres inférieurs dans un monde où les États-Unis font la loi, dit Robert Badinter[20] avec raison, fait beaucoup plus pour le développement du terrorisme fondamentaliste que l'inégale répartition des richesses ».

Des démocraties atrophiées et arrogantes

Mais, au-delà de l'emblématique Amérique, quand cette « inégale répartition des richesses », évoquée par Badinter, atteint en Occident même, un niveau et des formes de violence, sinon de cynisme, jamais vus, comment ne pas les rendre inhérentes aux tares du système ultralibéral institué ?

En d'autres termes, les « innovations » stupéfiantes de ce système où l'Entreprise, et en son sein essentiellement ses managers et ses actionnaires, tend à devenir le régulateur social et politique dominant, ne se bâtissent-elles pas sur le mépris galopant de la démocratie dont elle n'a que faire du principe d'égalité ? On voit ce déni des valeurs à l'œuvre au sein de tous les pays capitalistes dans la brutalité avec laquelle les cumulards de stock-options, une poignée de super-cadres privilégiés, « restructurent » leur entreprise et jettent à la rue ceux qui n'ont que leur travail à vendre, condamnant leur famille à la détresse... pour la plus grande valorisation boursière de leur patrimoine. Ou quand la faillite frauduleuse du géant américain du courtage de l'énergie Enron, (grand pourvoyeur du financement électoral de Bush) s'accompagne de l'escroquerie organisée des petits actionnaires par la direction et, pire, de la perte sèche de leur retraite par les épargnants salariés détenteurs de fonds de pension « maison » volatilisés[21].

Cet arbitraire et cette arrogance s'exprimant au niveau mondial sont aussi le fait des institutions internationales du

système : FMI, Banque mondiale, OMC, etc. Une image célè-
bre, que rappelle Joseph E. Stiglitz[22] a parcouru le monde et
scandalisé les pays pauvres soumis aux impératifs du FMI :
on y voit le président du FMI, debout et le regard sévère, dominant de la taille le président indonésien qui, humblement soumis, signe les conditions de rigueur drastiques qui lui sont
imposées en vue de l'attribution d'un nouveau prêt. Le
contraste est saisissant : arrogance de l'un et soumission de
l'autre. Cette image, souligne Joseph E. Stiglitz, a une forte
valeur symbolique, car elle illustre de façon visuelle une
réalité profonde. A travers la personne du président humi-
lié, c'est tout le Sud-Est asiatique et, plus largement, le monde
pauvre qui se sentaient offensés.

Cette dictature économique mondialisée des puissants
n'est-elle pas en train de dévaloriser l'image de sociétés dites
démocratiques qui n'ont d'autre finalité que l'argent ? Le
délitement des valeurs dont elles se réclament et qui peuvent
donner sens à la vie ne conduit-il pas à la désagrégation des
sociétés ? La vraie question de l'hyperterrorisme ne se pose-
t-elle pas au fond ainsi : les fausses valeurs de ce fanatisme
ne seraient-elles pas que le *substitut* perverti de ces valeurs
humaines fondatrices que les sociétés dominantes ont cessé
de produire ?

Il faut au moins avoir la lucidité de méditer cette analyse
de l'écrivain uruguayen Eduardo Galeano[23] qui n'hésite pas
à écrire :

> « Entre les assassins de quelque 3 000 citoyens écrasés sous les
> tours de Manhattan et le massacre (dans les années 1970-80)
> de 200 000 Guatémaltèques, essentiellement indigènes, par
> des militaires terroristes, inspirés et financés par Washington,
> sans que la télévision leur prête la moindre attention, il y a le
> même mépris de la vie humaine. »

D'où le parallèle que soutient l'auteur des *Veines ouvertes de l'Amérique*[24] (même s'il peut apparaître simplificateur)

entre « les fondamentalistes religieux et ceux du marché, celui des désespérés et celui des puissants ». Critique moins virulente mais parente chez Rony Brauman, ex-président de Médecins Sans Frontières : « Le monde, réagit-il, ne se divise pas en deux camps, l'un démocratique pour lequel la vie est sacrée et l'autre pour lequel elle ne serait bonne qu'à être sacrifiée. » Et de remarquer que la généralisation de l'argumentation de la haine de l'Amérique *parce que démocrate* est trompeuse et sert trop souvent à discréditer « ce qui relève du jugement politique et de l'expérience collective[25] ».

Pour Edgar Morin[26] également la démocratie en manque de révision dont se réclament les États occidentaux, n'est pas un apanage exclusif : « L'islam ne saurait être réduit à une vision unilatérale » et les aspirations aux libertés démocratiques y sont nombreuses. Pour le sociologue, le danger réside à la fois dans l'immense frustration que suscitent chez les plus démunis l'insolente toute puissance américaine mais aussi dans le retard (rattrapable) pris par ces régimes islamiques (et non islamistes) pour établir des États de droit respectueux des libertés démocratiques. Encore, estime-t-il, que « notre propre démocratie soit atrophiée ». C'est pourquoi « plus que le "nous sommes tous américains" nous sommes tous, rectifie-t-il, citoyens de la Terre » et « des États-Unis devrait s'élever un "nous ne sommes pas qu'américains". Seule, ajoute-t-il, une politique de *civilisation*, se substituant à une politique impériale, est la riposte à la guerre des civilisations ».

Le piège du « choc des civilisations »

Cette dernière expression ne signifie d'ailleurs nullement qu'Edgar Morin reprend à son compte la fameuse thèse du « Choc des civilisations » émise par le professeur de Harvard, Samuel Huntington, dès 1993 et publiée avec éclat en 1996 dans l'ouvrage éponyme[27]. Mais bien que cet ouvrage ait été durement étrillé pour ses faiblesses patentes, on ne peut éviter de se demander après le 11 septembre si le pronostic du

« clash des cultures » ne contenait pas une part de vérité. En faisant en effet l'hypothèse que, dans le monde unipolaire issu de la Guerre froide, les sources principales des conflits à venir seraient moins économico-politiques que culturo-religieuses et qu'en naîtraient des affrontements entre nations et groupes de civilisations différentes, l'auteur avait fait scandale. Mais le 11 septembre ne réactualisait-il pas subitement ce pronostic ? De fait, au-delà de la résurgence médiatique de la fameuse « guerre des dieux », certains n'ont-ils pas vu dans les attentats de Manhattan la révolte de l'islamisme contre la domination occidentale du monde ?

Bien que l'auteur, violemment attaqué alors par les tenants de l'universalité démocratique des États-Unis, ait dû faire profil bas après la tragédie, on ne peut oublier que sa thèse rompait, dès 1993, avec la prétention étatsunienne de convertir demain le monde, en particulier les sous-développés, aux vertus de la démocratie *made in USA*. Huntington n'avait certainement pas tort en tous cas de s'opposer à la croyance de l'Ouest dans le primat universel de la culture occidentale... Auquel il reprochait explicitement d'être « faux » (les autres civilisations ont d'autres idéaux et normes), « immoral et dangereux » (parce que l'impérialisme est la conséquence logique de ce soi-disant universalisme). Alors qu'Huntington a reconnu avoir surestimé le poids des religions (elles-mêmes très divisées) en matière de culture et de politique, c'est Edgar Morin lui-même[28] qui se demande cependant si l'audience éruptive de l'islamisme (et non de l'islam) n'annonce pas symétriquement un dangereux messianisme rédempteur ?

C'est que le complexe de supériorité américain n'est pas neutre.

« Ben Laden, écrit F. Khosrokhovar[29], est comme un miroir sur qui se focalise le ressentiment d'un monde qui a perdu les anciens repères et dont les nouveaux, forgés par l'Occident, lui renvoient l'image de son infériorité, de son indignité, ou pire encore de son insignifiance ? »

Ainsi, Abdallah Hammoudi, professeur d'anthropologie à l'université américaine de Princeton (EU), d'origine marocaine, dénonce dans ce pays[30] les fantasmes en miroir développés par les Américains moyens et les nombreux arabo-musulmans résidant aux États-Unis. D'un côté « les musulmans ou les Arabes sont culturellement incapables d'accéder à la modernité » ou « ils ont une propension naturelle à la violence ». De l'autre « l'Occident est corrompu, l'Amérique et Israël sont responsables de tous les maux ! » Symétriquement, selon l'Américain moyen, les Palestiniens sont systématiquement identifiés aux « violences ». Et l'anthropologue de remarquer :

> « Il est faux et dangereux de les [les Arabes musulmans] figer dans des stéréotypes ou des pseudo "constantes culturelles" qui les prédisposeraient à la violence ou à l'irrationalité. »

Cependant si l'extrémisme suicidaire à la Ben Laden semble avoir été assez largement rejeté dans l'islam, il est clair en tous cas que les théories voisines du *djihad* islamique (en tant que guerre sainte contre les infidèles) y sont loin d'avoir désarmé. Ainsi dans les propos recueillis sur place, à Qatar, par l'islamologue Gilles Kepel[31] du cheikh Youssef Al-Qardhawi dont le prêche dominical sur la radio Al-Jazira « domine, selon lui, la prédication sunnite de langue arabe dans le monde entier ». Or, dit Kepel, cet ancien Frère musulman égyptien, s'il dénie toute légitimité à Ben Laden dont il condamne les attentats, n'en justifie pas moins le *djihad défensif* du mollah Omar ex-chef des Talibans. Appelant en effet à la mobilisation contre les Américains, ce *djihad* serait justifié par les textes sacrés dans la mesure où « des armées non-musulmanes attaquent le territoire de l'islam ». Il le défend également pour le Cachemire, la Tchétchénie et surtout en Israël pour les attentats suicides du Hamas car, affirme ce cheikh, « il n'y a pas dans cette *société militaire*, où hommes et femmes servent dans l'armée, de *civils innocents* ». On le voit, le désaccord de cet influent religieux sunnite avec Ben Laden est beaucoup plus de forme que de fond. Bref, le terrorisme intégriste a malheureusement sans doute de beaux jours devant lui.

Il faut saluer, dans ce contexte, les déclarations œcuméniques du pape Jean Paul II, concluant le sommet inter-religieux d'Assise, en janvier 2002, qui regroupait les responsables des grandes religions monothéistes. « On ne saurait oublier, a-t-il dit que des situations d'oppression et de marginalisation sont à l'origine des manifestations de violence et de terrorisme ». Mais surtout que « celui qui utilise la religion pour fomenter la violence en contredit l'inspiration la plus authentique et la plus profonde ». Condamnations et vœux sans grande efficacité directe sur les événements, hélas, mais qui visent en tous cas les justiciers exterminateurs de tous bords.

A cette prise de position religieuse marquante on peut trouver un complément laïque également symptomatique de la prise de conscience tous azimuts en cours dans l'appel intitulé « La dérive du monde[32] », signé par des personnalités de diverses opinions et qui reconnaît enfin les responsabilités premières des pays riches dans les événements. Constatant ainsi que dans « l'économie désormais mondialisée nous avons perdu le contrôle et que des mécaniques anonymes *que nous avons créées* ont pris les commandes, mettant en cause notre capacité globale à conduire notre destin », l'appel reconnaît que

> « si l'homme est bien le responsable de cette dérive du monde, une partie de l'humanité en porte la plus lourde responsabilité. Il s'agit de nous, les plus riches qui sommes du bon côté de ce fossé dont les bords s'écartent... »

Il prédit que « ceux qui n'ont rien à perdre seront éventuellement prêts à tout » et qu' « ils le seront d'autant plus que les fauteurs de désordre que nous sommes persisteront dans leur égoïsme et leur suicidaire incurie ».

On aimerait retrouver cette prise de responsabilité auto-critique chez certaines « têtes pensantes » qui, dépassées par le 11 septembre, se sont réfugiées frileusement dans des refus de compréhension globale qui vont de l'imprécation au repli souverainiste. Ainsi, entre autres, le philosophe André Glucksman, parfois mieux inspiré, ne voit-t-il pas, derrière le réseau Ben Laden, qu'un pur nihilisme de la destruction pour elle-même, soit l'incarnation du mal absolu, qu'il place malencontreusement sous le signe du grand Dostoïevski.

Le refuge de l'appartenance identitaire

Ces ressucées de manichéisme sont loin de nous aider à élucider les mécanismes par lesquels les fondements de l'hyper-terrorisme anti-américain ont pu se constituer en *substituts* aux valeurs d'exportation occidentales. C'est bien pourtant ce que s'était déjà employé à mettre en lumière, dès 1999, Jean-Claude Guillebaud dans sa *Refondation du monde*[33] en se référant à quelques analystes percutants de la mondialisation comme André Gorz, Jean Baudrillart ou Benjamin Barber.

Première remarque fondamentale : derrière sa prétendue diffusion des Droits de l'homme et de la démocratie, la société occidentale s'emploie moins, à universaliser ses valeurs que son propre nihilisme qui se traduit par : le cynisme du plus fort, avidité du profit, émiettement individualiste. D'où sa reprise de la distinction essentielle, faite par Baudrillart, entre mondialisation (des technologies et marchandises) et universalité (des valeurs) qui, dit-il, « ne vont pas de pair ». Au contraire, confrontées à l'uniformisation marchande de cette mondialisation (libérale), les sociétés traditionnelles, en perte de repères, regimbent sous forme de « rétractions identitaires ». Si bien que l'universalisme dévoyé produit « un surcroît de différences » source de fondamentalisme. Car, explique Gorz, le prix que doivent payer ses victimes pour une ultime sécurité, celle de l'appartenance identitaire, est la soumission totale aux rites des chefs de leur communauté, donc « le renoncement total de l'individu à exister par lui-même ». Ainsi les intégrismes trouvent leur sens et leur racine, « *fonctionnent*, dit Gorz, comme des *substituts* d'identité sociale qui protègent l'individu contre les rapports sociaux de compétition et situent son identité sur un terrain abrité contre les valeurs » et exigences de la société mondialisée.

Mais déjà Mac Luhan n'avait-il pas prévu que son « village mondial », issu de la communication informatique, pourrait aller de pair avec une « retribalisation » de la planète où le règne de l'audiovisuel – c'est-à-dire de l'*émotif* par l'image au détriment du texte, plus rationnel – ruinerait les bases du débat démocratique ?

Des intellectuels américains de pointe sont d'ailleurs les premiers à remettre vigoureusement en question la fausse culture Mc World standardisée, caricature de l'universalisme, dont l'Occident abreuve les autres pays de la terre. Le politologue Benjamin Barber[34] estime de plus, à bon droit, que cette idéologie d'exportation s'est muée en « vidéologie » (bandes sonores et clips vidéo) surexploitée par la publicité. De sorte que la véritable guerre commerciale planétaire se joue moins aujourd'hui autour du prix ou du poids de l'image qu'au niveau des signes et du symbole (comme le culte des marques et des sigles). Mais la manipulation de ces derniers par la « vidéologie » en vient à produire une dangereuse « déréalisation » de l'homme, qui l'amène à confondre réel et virtuel, à ne plus distinguer ses besoins de sa volonté.

On est au cœur de notre propos quand Barber en déduit que les perversions de l'universalisme par la marchandisation sous le signe du Mac World et les réactions d'intolérance ou d'intégrisme qu'elles provoquent en retour – et qu'il appelle « *djihad* » dès 1996 – forment un couple infernal. Discours étonnamment prémonitoire : retribalisation identitaire et religieuse de l'humanité, confusion entre virtuel et réel, primat du symbolique dans le combat contre le « grand

Satan » américain, comment ne pas retrouver là tous les stigmates du nouveau terrorisme et de son symbolisme suicidaire à l'œuvre le 11 septembre 2001 ? Ce terrorisme est en effet inséparable du type de mondialisation généré par le néolibéralisme. S'il a pu prospérer, c'est grâce à la dérégulation des flux financiers mondiaux, et en premier lieu grâce au développement de l'argent sale.

Chapitre II

L'engrais : l'argent sale

Loin de constituer des dysfonctionnements du système, comme certains s'évertuent à le croire – ou à le faire croire – des phénomènes comme l'hyperterrorisme en sont au contraire, pour nous, les fruits naturels, découlant de sa propre logique qu'on pourrait taxer de dégénérescente.

« Entre le faible et le fort c'est la liberté qui opprime et la loi qui affranchit », observait Lacordaire en 1848. Pouvait-il prévoir qu'avec les turpitudes issues de la financiarisation du monde on se retrouverait non seulement – comme l'a bien montré le juriste Jean de Maillard – dans *Un monde sans loi*[1] mais pis, dans un système ou *Le marché fait sa loi*[2].

> « Le terrorisme, constate un rapport du Sénat français, est une activité clandestine qui nécessite des moyens logistiques et donc financiers très importants... Aucun réseau clandestin

n'est spécifique au terrorisme et les activités illégale n'ont pas forcément pour but le financement du terrorisme. En outre, le financement du terrorisme peut s'effectuer par des réseaux financiers légaux ou « quasi-légaux » à partir de collectes de fonds ou de dons d'argent, acquis légalement[3]. »

Il n'est pas possible en effet de rechercher les moyens de financement mondialisé de l'hyperterrorisme benladenien sans mettre le doigt, on le sait, sur les recours à l'économie et à la finance mafieuses. Mais on sait moins que le processus de développement fulgurant de cet « argent sale » dans les transactions planétaires n'a pu s'effectuer que grâce à la connivence de l'économie légale (l'argent dit « propre ») comme par une relation « systémique » inscrite dans l'hégémonisme acquis par la finance. Ainsi, ne peut-on plus tracer de frontière nette entre l'économie légale et l'économie criminelle. Conséquence gravissime : la criminalisation à son tour de l'économie légale.

Exemple symbolique : on ne peut échapper au rapprochement terrifiant entre les sources de financement criminelles du réseau de Ben Laden (lui-même d'ailleurs à la fois mafieux et légal) et les incroyables spéculations en Bourse qui ont *précédé* et suivi la tragédie du 11 septembre. On connaissait bien, il est vrai, dans les milieux financiers les profits gigantesques que le chef d'Al-Qaïda et les Talibans tiraient de l'exportation de l'opium afghan, mais aussi des nombreuses participations de la famille de « l'ennemi public n° 1 » dans les sociétés *off shore*, qui ont leurs repaires dans divers paradis fiscaux, des Bahamas aux îles Caïman. Au reste, une bonne partie de la presse américaine n'a-t-elle pas évoqué – sans provoquer démentis ou poursuites – les intérêts que cette famille aurait possédé à un certain moment jusque dans les affaires pétrolières de G. W. Bush ? Alors : spéculations d'initiés ? Toujours est-il que des mouvements boursiers des plus suspects ont eu lieu à la veille de l'attentat. Ainsi les options d'achat et de ventes de titres d'entreprises logées dans le World Trade Center (comme son principal occupant, la société Stanley Deann Witter) ou des compagnies d'aviation comme American Airlines, dont deux appareils allaient être détournés, ont été vingt-cinq ou trente fois supérieurs à la normale ! Au lendemain de l'attentat des milliers de *traders* dans le monde – spéculant immédiatement sur l'horreur – ont vendu les actions des compagnies d'aviation ou d'assurances pour acheter de l'or, de l'euro ou du pétrole. Aussitôt également les *hedge funds* (fonds spéculatifs) vendaient ces actions en masse, avant de les racheter, après les baisses massives survenues, afin d'engranger de confortables plus-values lorsque leur cours remonterait.

L'intrication des économies criminelle et légale

Finalement, dans la mesure où le pouvoir financier transnational a supplanté – tant dans l'espace que dans ses valeurs – celui des États, détenteurs de la loi, la criminalité économique n'est-elle pas devenue intrinsèque à la financiarisation de notre monde ? Alors que notre civilisation démocratique, a voulu promouvoir l'homme comme Sujet, le règne de l'« argent fou », l'appât du gain immédiat et planétaire comme finalité première de toute activité humaine, ne sont-ils pas en passe de réifier l'individu à travers la marchandisation dévorante de l'ensemble de la création ? Il s'agit désormais en fait non seulement d'argent, de drogue, d'armes, (mais aussi) d'êtres humains (leurs organes), d'œuvres d'art, etc.: « Tout ce qui s'achète et qui se vend va au plus offrant et traverse les frontières sans grand souci des contrôles[4]. » Mais l'efficacité de la lutte contre cette régression généralisée n'oblige-t-elle pas à mettre au jour les conditions de l'émergence de ce totalitarisme financier ?

L'essayiste suisse, Jean Ziegler, dans *Les Seigneurs du crime* sous-titré *Les Nouvelles Mafias contre la démocratie*[5], pastichant les marxistes, va même jusqu'à qualifier l'énorme développement du « crime organisé » de « stade suprême du capitalisme ». Il relie ainsi la financiarisation du monde avec l'évolution ultime d'un système économique qui ne s'est nullement effacé mais dont les tendances prédatrices ont été décuplées par la révolution de la communication informatique. Cette irruption des forces de l'immatériel a ainsi provoqué « une rupture radicale entre l'économie réelle et virtuelle ». La conséquence majeure du déchaînement aux mains des tout puissants des nouvelles techniques de la spéculation boursière est connue : « L'argent ne représente plus la valeur des choses, l'augmentation réelle des richesses économiques. » Jusque dans la Suisse de Ziegler, alors que le PNB a augmenté de 1 % en 1997 et dans les cinq années précédentes, le *Swiss Index* (indicateur des actionnaires cotés en bourse) a fait un bond de 40 % dans les seuls six premier mois de 1997. Aussi bien, remarque-t-il, « le capital financier s'est *autonomisé*, créant des milliards de capitaux flottants » (supérieurs aux budgets des nations), dont les finalités, essentiellement spéculatives et monétaires, déstabilisent l'économie réelle et narguent les États-nations.

Cette évolution, permise par la mutation technologique, était pourtant loin d'être inévitable, Elle a pris sa source dans l'application délibérée, dès 1983-1984, sous l'égide de Ronald Reagan et Margaret Thatcher, du fameux principe des « 3 D », bible des théoriciens du néolibéralisme. A savoir, la *déréglementation* (démantèlement des systèmes nationaux des changes qui a permis aux multinationales de concurrencer partout les acteurs locaux) ; la *désintermédiation* (financement direct des entreprises et des États par un marché financier *unifié*) grâce à laquelle les valeurs boursières du monde sont passées de 2 700 à 18 000 milliards de dollars de 1980 à 1998 ; et le *décloisonnement* (suppression transfrontière des différents supports de la spéculation, provoquant un « zapping » planétaire continu en vue du meilleur rendement). Complètement libérée, la finance mondiale pouvait dominer les marchés et contourner les institutions. Ainsi les nouveaux produits de la spéculation comme les *hedge funds* (Soros, LTCM) ont pu déstabiliser des monnaies en spéculant à la hausse ou à la baisse sur l'une ou l'autre d'entre elles, les *mutual funds* (générateur des *junk bonds* – obligations de pacotille -) ou les fonds de pension (pour se substituer au financement des retraites), ont conduit les entreprises (comme la multinationale Enron) à ruiner leurs salariés ou leurs actionnaires quand la bulle spéculative qui dopait la valeur des titres a commencé à se dégonfler. Loin d'avoir une fonction régulatrice, comme le prétendait Milton Friedman, l'un des papes du néolibéralisme, la spéculation informationnelle sur les monnaies (cybermonnaies), la recherche effrénée de rentabilité à court terme des entreprises et les bulles financières ainsi créées ont été à l'origine de crises régionales graves (Japon, Sud-Est asiatique, Mexique etc.). « De cette opposition entre la sphère de l'économie et celle de la finance, nous avertissait dès 1987 Jean Peyrelevade, président du Crédit Lyonnais, naît une instabilité fondamentale qui risque de nous emporter tous. »

Le chiffre d'affaires du crime

Ainsi, la logique financière régnante, outre sa redoutable déconnexion de la richesse réelle, tend à réduire l'homme à un capital en le coupant de sa dimension spirituelle et sociale. Elle en est même la dénaturation[6]. Le rendement boursier, importe davantage que la protection sociale ou les dépenses de solidarité issues de l'impôt. On peut mesurer la faiblesse des États face à cette toute puissance quand on sait que les réserves officielles en monnaie des grands pays industriels ne représentent pas plus que le montant quotidien des transactions sur le marché des changes.

Ainsi, comme s'en vantaient d'ailleurs ouvertement les nouveaux champions des marchés mondiaux, les États y perdent pouvoir réel et indépendance, c'est-à-dire par là même, identité et capacité à faire vivre la démocratie. Comment s'étonner dès lors que, dans cette réduction généralisée au marchandisable, la distinction s'efface entre activités légales et délinquantes ? L'économie du crime n'est donc plus une activité aisément localisable et somme toute marginale au regard des échanges commerciaux planétaires. Quelques données chiffrées peuvent nous aider à prendre la mesure de son importance.

Selon le PNUD, le produit criminel brut mondial[7] (PCB) atteint aujourd'hui 1 200 milliards de dollars par an. A titre de comparaison, rappelons qu'en 2000, le Produit intérieur brut (PIB)[8] de la France atteignait 1 333 milliards de dollars. On peut détailler en partie ce chiffre brut, pour 1999 :
- trafic de drogues : 300 à 500 milliards de dollars par an,
- trafic de migrants clandestins : 7 milliards,
- prostitution : 4 milliards,
- trafic d'espèces animales protégées : 6 à 10 milliards,
- contrebande de véhicules volés : 10 à 15 milliards,
- matières premières dangereuses et ressources naturelles protégées : 22 à 31 milliards par an.

De façon plus générale, le PNUD estime que le PCB annuel s'élèverait à 15 % du commerce mondial. Les profits énormes générés par cette économie criminelle ne sont pourtant pas immédiatement disponibles et doivent être recyclés avant de pouvoir être utilisés en toute tranquillité. Les acteurs de cette économie ont ainsi recours à tous les moyens disponibles pour faire en sorte qu'il soit impossible de déterminer l'origine des masses d'argent que leur rapportent leurs activités. Ils ont donc besoin d'opacité pour « blanchir » ces fonds.

Les moyens utilisés pour le blanchiment d'argent sont connus, même s'ils varient au cours du temps. Dans une première étape, les criminels fractionnent la masse d'argent à blanchir en sommes plus petites forcément moins suspectes qu'ils déposent sur divers comptes. Dans un deuxième temps, le blanchisseur éloigne les fonds de leur source, par exemple en multipliant les transferts sur d'autres comptes situés à l'étranger ou bien en masquant ces transferts sous forme de paiements de biens et de services. Enfin, dans un troisième temps, ces fonds sont introduits dans des activités économiques légales comme l'immobilier, le commerce, voire l'industrie. Tout ceci grâce aux services de sociétés-écrans purement virtuelles n'ayant d'autre objet que de favoriser la multiplication d'opérations fictives donnant à « l'argent du crime » des bases apparemment légales.

La financiarisation, en supprimant tout contrôle, a donc – cadeau somptueux – ouvert les vannes d'un développement sans précédent de l'argent « sale » des activités illégales. C'est sur le site internet où l'ex-président Clinton vantait les résultats de ses huit années de pouvoir qu'on trouvait un rapport très officiel intitulé *International Threat Assessment* (évaluation de la menace mondiale) qui dresse le panorama d'une planète envahie par la criminalité – économique et financière – organisée dans l'impuissance des États. On y lit :

> « Les autorités chargées de l'application de la loi dans le monde entier font état d'une augmentation significative de la gamme et de l'étendue des activités criminelles internationales depuis le début des années 1990. La croissance corrélative du pouvoir et de l'influence de ces organisations criminelles suscitent l'inquiétude des gouvernements de l'ensemble du monde – particulièrement dans les démocraties occidentales – sur les menaces que les criminels font peser sur la direction et la stabilité de nombreux pays et sur celles de l'économie globale ».

Et de préciser :

> « Les réseaux criminels internationaux ont su rapidement tirer profit des occasions qui ont résulté des changements révolutionnaires de la politique mondiale, des affaires, de la technologie et des communications. »

C'est-à-dire de l'ultralibéralisation de l'économie et de la finance.

Le poids déterminant des réseaux de l'argent sale et leur intrication avec l'économie légale se vérifie dans les opérations de guerre terroriste les plus violentes, comme celles menées en Bosnie ou en Croatie. Ce constat vient d'être à nouveau effectué par le Tribunal pénal international, à travers le jugement de Slobodan Milosevic. « Durant toute ma carrière, a déclaré l'enquêteur de ce Tribunal, Morten Torkïldsen, je n'ai jamais rencontré une structure financière *offshore* aussi vaste et aussi compliquée ». Précisons que le système financier monté par Milosevic et les siens, pour faire en sorte que notamment ses achats d'armements échappent à tout contrôle international, brassait des sommes s'élevant à plusieurs milliards de dollars. Le système Milosevic fonctionnait en passant par des sociétés-écrans, impliquées dans la production d'armements, basées en Israël, en Russie et aux États-Unis. Le transfert des fonds s'opérait grâce à des comptes bancaires localisés non seulement dans des paradis fiscaux aussi connus que le Liechtenstein, Singapour ou Monaco, mais également en Grèce, en Allemagne, en Autriche ou à Chypre. Quelle responsabilité pour l'Union européenne !

On peut s'interroger en premier lieu sur la tolérance étonnante dont fait preuve la justice envers ces activités. On se demande en particulier, pourquoi la réaction première des juges et policiers est de prétendre que la criminalité économique organisée n'existe pas en France où il n'y a pas en effet de véritable structure de lutte à son encontre. Sans doute, la globalisation économique et financière, en effaçant les frontières, sans élargir pour autant les moyens des policiers et juges, a-t-elle créé par ces nouvelles facilités offertes, un extraordinaire champ d'attraction dans le monde entier pour l'essor de toutes les formes de criminalité. Mais c'est aussi parce que le problème a changé de nature.

Alors qu'hier, dans les sociétés modernes, la délinquance financière était définie selon une règle des quatre unités, bien distinctes – de temps, de lieu, d'action et d'auteur de l'infraction – la criminalité économique s'est en quelque sorte intégrée au système[9]. Elle s'étend désormais dans le temps et l'espace selon un processus continu et tend ainsi à se diluer structurellement dans les sphères de l'économie, de la finance et de la politique. Délinquance et criminalité sont devenues des modes particulièrement prégnants de formation de la plus-value du fait, qu'avec leur dimension planétaire, elles constituent les activités les plus rentables de l'économie. Leur extension reflète la dégradation des formes politiques modernes et notamment celle des États de droit et des espaces publics où se débattent les choix d'une démocratie. Ainsi, à l'heure où la rentabilité l'emporte sur toutes les valeurs sociales, la plus forte des plus-values économiques a pour origine l'exploitation des plus grandes détresses humaines : émigrations massives, prostitution ou addiction à la drogue.

La lèpre des paradis fiscaux

La défaillance – on a envie d'écrire « la complicité » – des États développés et de la communauté internationale s'est notamment traduite par la multiplication des paradis fiscaux, ces zones de non-droit par où transite puis se blanchit le plus clair de l'argent de la criminalité et de l'hyperterrorisme moderne.

On sait que n'importe qui peut acheter ou constituer, sans formalités, une société *offshore* dans un paradis bancaire qui servira d'écran à divers mouvements de capitaux et y ouvrir tous les comptes qu'il voudra. Les banques qui y résident, et qui sont souvent de simples filiales de sociétés bancaires honorablement connues dans d'autres pays, y sont pratiquement dispensées des obligations qui leur sont généralement faites ailleurs de connaître leurs clients, de s'inquiéter de la provenance de l'argent lors de l'ouverture d'un compte et de signaler à la justice tout mouvement qui leur paraît suspect. Parmi ces paradis bancaires et fiscaux, il convient de citer avant tout un certain nombre d'îles antillaises comme les Bermudes, les Iles Vierges britanniques et américaines, Grenade ou les Iles Caïman, ou, dans d'autres régions du monde, les îles Fidji, Tonga, Singapour, voire la Polynésie française. L'Europe elle-même n'est pas épargnée : Jersey, Guernesey, l'Andorre, l'île de Man, Monaco, le Luxembourg, la Suisse, le Liechtenstein, Chypre et même le Vatican offrent à des degrés divers à ceux qui désirent se livrer à des transactions discrètes un certain nombre de moyens éprouvés – par exemple, souvent, un secret bancaire à toute épreuve – qui n'existent pas dans des pays soumis à une législation plus stricte.

Ces facilités n'ont à l'origine sans doute pas été créés dans le but de faciliter le blanchiment d'argent issu d'activités criminelles. Il s'agissait avant tout de permettre à des acteurs *a priori* légaux d'échapper à divers obstacles, notamment fiscaux, qu'ils rencontraient dans leur recherche de maximisation de leurs profits. Malgré les effets de l'offensive néolibérale de ces vingt dernières années, la déréglementation n'a pas eu lieu partout à la même vitesse. La création parfois ancienne des paradis bancaires et fiscaux et la mise en place des systèmes savants de montages financiers que nous connaissons actuellement sont simplement des façons de prendre de l'avance sur la dérégulation progressive des transactions financières. Comment servent-ils les intérêts de ceux qui les utilisent ? Plusieurs exemples peuvent le faire comprendre. Une société ayant son siège en France, au Canada ou au Japon est tenue de payer des impôts sur ses bénéfices. En revanche, une société dont le siège se trouve dans un de ces paradis bancaires et fiscaux n'est souvent pas ou très peu astreinte à ce genre de contribution. Passer par les organismes de ces paradis bancaires et fiscaux permet donc d'échapper à ces impôts ou ces taxes, et ainsi de réduire les coûts de la société-mère, ce qui fait augmenter ses profits et sa compétitivité. Ainsi ce n'est pas, par exemple, la société A connue de tous qui va engranger de gros bénéfices sur lesquels il faudrait qu'elle paie des impôts en proportion dans son pays d'origine, mais – en simplifiant à l'extrême - la société Z dont le siège est aux îles Caïman et dont le capital est détenu, à travers un système plus ou moins complexe de participations, par la société A. Inversement, si une société craint de voir sa cotation en bourse baisser dangereusement du fait d'un endettement trop important, la tentation est grande de dissimuler cet endettement en créant dans quelques-uns de ces paradis bancaires et fiscaux une multitude de sociétés dont le seul objet sera de porter le passif de la société endettée. Nombre de grandes transnationales profitent largement de ces possibilités, souvent grâce à des montages financiers extrêmement complexes. On comprend dans ces conditions que des acteurs de l'économie légale comme les transnationales aient tout intérêt à ce que l'existence des paradis fiscaux ne soit pas remise en cause.

Le même critère du profit maximum implique logiquement que des fournisseurs de services juridiques et financiers parfaitement légaux cherchent aussi à capter la manne de l'argent issu d'activités criminelles. On estime ainsi que les frais alloués par les détenteurs de fonds d'origine criminelle pour blanchir leur argent se montent en moyenne par an à environ 150 milliards de dollars[10]. Nombre d'avocats, de courtiers et de spécialistes des montages financiers ont ainsi parfaitement compris les avantages qu'il y avait à s'intéresser à ces capitaux.

Par d'autres biais et pour des raisons *a priori* différentes, les grands détenteurs de fonds, qu'ils soient criminels ou non, se satisfont volontiers de cette opacité constitutive du système déréglementé de la finance. On en arrive ainsi à un point où l'économie légale et l'économie criminelle sont de fait indissolublement liées, chacune ayant en quelque sorte besoin de l'autre pour continuer à se développer.

Or, c'est cette opacité du système qui permet aux réseaux terroristes de se financer discrètement. Les activités illégales de Ben Laden et de ses alliés – par exemple le trafic d'opium en provenance d'Afghanistan – peuvent ainsi bénéficier des mécanismes éprouvés du blanchiment d'argent. Inversement, par les mêmes moyens, les réseaux terroristes réussissent aussi à réinjecter en leur sein des fonds provenant de l'économie légale grâce aux montages financiers mis en place par des spécialistes qui ont parfaitement assimilé cet environnement. On parle alors dans ce cas de « noircissement » de l'argent propre ou de « blanchiment à l'envers ». Ainsi, la fortune d'Oussama Ben Laden, acquise semble-t-il à l'origine légalement, n'a pu être utilisée par les groupes opérationnels d'Al-Qaïda que parce que les sommes qui leur étaient versées transitaient d'abord par des chemins complexes du type de ceux utilisés par ailleurs dans le cadre « normal » des échanges financiers que nous venons de décrire. Le rapport du Sénat français sur la Convention internationale pour la répression du financement du terrorisme du 9 décembre 1999 ne dit pas autre chose : « Les réseaux utilisés par les terroristes [...] utilisent les facilités de la finance internationale offertes aux particuliers et aux sociétés. »

D'abord alimentés par les pétrodollars, les paradis fiscaux le sont maintenant surtout par des narcodollars. On comprend l'aubaine qu'ils représentent pour l'économie criminelle comme pour la famille Ben Laden qui détient de nombreuses participations dans ces sociétés *offshore*. Comme ces zones paradisiaques proposent une fiscalité beaucoup plus faible, voire nulle, aux personnes physiques ou morales, même si elles n'y sont pas résidentes, elles privent les États des ressources sociales et fiscales indispensables et faussent entre autres le jeu de la concurrence. De là l'intérêt qu'y trouvent de nombreuses transnationales. Pourtant, jusqu'à ce jour, que ce soit à l'OCDE ou au G7, Georges W. Bush s'est opposé « au nom de la liberté » à toute remise en cause de ces zones de non-droit. Se comportait-il alors en chef d'État ou en protecteur des intérêts pétroliers qui l'ont fait élire ? Enron, dont la contribution financière a été fort précieuse à la campagne de Bush, ne prisait-elle pas en effet particulièrement les paradis fiscaux pour l'hébergement de ses sociétés afin notamment de masquer ses pertes ?

L'implication de l'économie légale

Il n'y a donc pas d'un côté une économie légale qui se réduirait au profit d'une économie du crime qui grandirait, mais deux économies qui se développent, s'interpénètrent et se soutiennent mutuellement : significatif est à cet égard le jugement de l'OMC contre les États-Unis, dont les transnationales sont accusées d'utiliser les paradis fiscaux pour accroître leur compétitivité en tournant la loi fiscale. Ainsi, selon l'expression de Jean de Maillard, nous avons (désormais) affaire à « une société crimino-légale »[11] et la montée fulgurante de l'économie mafieuse n'est rendue possible que par la complicité de l'économie dite « propre » et l'inertie des pouvoirs politiques. Comment cela est-il possible ?

En voici quelques illustrations.

Londres est la plaque tournante sur laquelle circulent des dizaines de milliards de dollars de pétrodollars recyclés ; or, le rapport de la mission parlementaire française[12] consacrée au blanchiment dénonce « l'ancienneté de l'utilisation de la City de Londres, des infiltrations dont elle fait l'objet et surtout *l'absence de réaction des autorités de régulation anglaise* ».

Sous une autre latitude, la « bulle immobilière » dont l'éclatement a déséquilibré l'économie japonaise était constituée à 30 % – avec la complicité des banques et du pouvoir politique – de prêts consentis aux mafias (les *Yakusa*).

Selon le Groupe d'action financière sur le blanchiment de capitaux (GAFI) dans son rapport de juin 1996, 100 milliards de devises transitaient chaque jour, des États-Unis vers la Russie, par l'intermédiaire de banques américaines : « Il est concevable, disait le rapport, qu'une partie au moins de ces fonds sera utilisée pour fournir les besoins du crime organisé russe. »

A Genève, les banquiers s'indignent vertueusement de ces manquements à l'éthique mais refusent toute remise en cause du secret bancaire !

Le Luxembourg, qui concentre 20 % des fonds d'investissement en Europe, dont 15 à 20 % provenant de l'économie illégale ou de l'évasion fiscale, s'en est pris d'abord à l'ancien cadre bancaire – Ernest Backes – qui a dénoncé les agissements frauduleux de l'organisme de compensation Clearsteam, (« boîte noire » de toutes les transactions) situé sur son territoire bien que des poursuites aient dû ensuite être engagées contre ses pratiques. La « compensation » est une opération couramment pratiquée dans le système bancaire. Elle consiste à réunir toutes les créances et les dettes que les agents économiques possèdent les uns sur les autres et à ne régler que les soldes. Se substituant à la multiplicité des règlements particuliers, ce procédé représente une simplification considérable de la vie économique. C'est ce système que des personnalités appartenant au monde bancaire – comme Ernest Backes, qui en est un des initiateurs – ont eu l'idée de mettre en place dans les règlements internationaux sur devises et ont créé Clearstream. A la simplification des opérations s'ajoutait une sécurisation appréciable de celles-ci, car les agents individuels ne connaissaient pas toujours le degré de fiabilité de leurs débiteurs alors qu'un important organisme financier dispose d'informations et de moyens de pression particulièrement persuasifs. Clearstream, pendant des années, semble avoir fonctionné dans l'esprit de sa mission. C'est à l'occasion d'un changement de l'équipe dirigeante que Backes s'aperçut de la multiplication d'opérations suspectes relevant selon lui du blanchiment. Avant même qu'il ait dénoncé publiquement ces pratiques, la nouvelle direction le licencia. Backes publia par la suite, avec le journaliste Denis Robert, une importante enquête, *Révélation$*[13]. Cet ouvrage contient des précisions et des fac-similés irrécusables et montre le rôle-clef que pourraient jouer les chambres de compensation si l'on voulait intervenir à l'encontre de l'argent « sale » en les soumettant à un contrôle efficace des autorités internationales.

Enfin, il est de notoriété publique que certains nobles alliés de la coalition contre « l'axe du Mal » sont des États gangrenés par les réseaux mafieux tels, entre autres, la Russie ou la Colombie.

Oussama Ben Laden, « abonné » des paradis fiscaux, ne finançait pas seulement les réseaux terroristes mais était aussi considéré comme le grand argentier des pays arabes et de l'Asie centrale ; partie prenante dans le trafic d'opium en provenance de l'Afghanistan des Talibans, il participait en même temps, à travers notamment le holding *Wadi Al-Aqiz* au capital d'une multitude d'entreprises dont des banques. Ben Laden était aussi un entrepreneur assurant la construction de Port-Soudan ou d'autoroutes. Sa famille a prospéré en obtenant l'exclusivité des travaux de construction à La Mecque et à Médine, en Arabie Saoudite ; elle participe au capital de grands groupes internationaux, comme Motorola, dans l'électronique, les nouvelles technologies, l'immobilier, le transport maritime. Elle contrôle de nombreuses fondations et organisations caritatives liées à l'islam, elles-mêmes soupçonnées d'alimenter des réseaux extrémistes, notamment le groupe Abou Sayaf aux Philippines. En 1999, un audit, demandé par la famille royale saoudienne, révélait que cinq hommes d'affaires de premier plan du royaume wahabite auraient versé des dizaines de millions de dollars aux réseaux terroristes d'Oussama Ben Laden via deux ONG : Islamic Relief (« secours islamique ») et Blessed Relief (« secours béni »). Mis en cause, ils avaient plaidé le racket.

La globalisation – sous diverses formes, économiques et sociales – a ainsi partie liée avec le financement des réseaux terroristes : « argent sale et argent propre même combat » est-on tenté de dire.

« L'économie criminelle, écrit Jean de Maillard, fait vivre aussi l'économie légale. Quoi qu'on prétende, il est indispensable de la ménager si l'on veut éviter que tout l'équilibre ne s'écroule. En bref l'économie "légale" s'est criminalisée, l'économie criminelle s'est donnée l'apparence de la légalité et les paradis bancaires et fiscaux sont au cœur du dispositif où se concoctent ces étranges mutations croisées[14]. »

La complicité du pouvoir politique

L'implication des réseaux financiers dans le financement des activités terroristes de Ben Laden était connue des autorités publiques, aussi bien nationales qu'internationales ainsi qu'en témoignent textes et rapports publiés avant le 11 septembre 2001. On peut citer, après une dizaine d'autres conventions sur le terrorisme adoptées par les Nations unies depuis 1970, la Convention internationale pour la répression du financement du terrorisme du 9 décembre 1999 ou encore la Convention des Nations unies contre la criminalité transnationale organisée du 15 décembre 2000. Des organismes spécifiques dotés de moyens propres ont également été mis en place à travers le monde pour lutter contre la criminalité financière. C'est le cas en particulier du GAFI, créé lors du sommet du G7 à Paris en 1989, qui a reçu pour mission « d'examiner les techniques et les tendances du blanchiment de capitaux, d'analyser les actions qui ont été menées au plan national ou international et d'énoncer les mesures qui restent à prendre pour lutter contre le blanchiment. »[15] Ce groupe d'action a, dès avril 1990, proposé quarante recommandations régulièrement mises à jour par la suite pour agir efficacement dans ce sens et a suivi scrupuleusement l'avancement de leur (lente) mise en œuvre. En ce qui concerne plus spécifiquement le terrorisme d'Al-Qaïda, deux résolutions de l'ONU d'octobre 1999 (n° 1267) et de décembre 2000 (n° 1333) exigeaient le gel des avoirs des Talibans et d'Oussama Ben Laden[16]. Ces résolutions n'ont cependant pas été suivies d'effets notables, sauf dans quelques très rares pays – par exemple l'Allemagne –, avant le 11 septembre 2001.

Force est donc de constater que ces bonnes intentions et les quelques mesures prises se sont révélées des plus vaines, puisqu'elles n'ont pas empêché les attentats du 11 septembre et cela alors même que ceux-ci n'auraient pu se commettre sans financements et transferts d'argent. C'est que rien ici ne visait le cœur du problème.

La complicité de certains pouvoirs politiques avec d'autres connexions mafieuses est également flagrante. Ainsi en ex-URSS, en Afrique, en Amérique latine, en Asie. Elle touche aux portes de l'Europe et peut-être même son cœur avec le retour à la tête du pouvoir de Berlusconi à Rome. L'ouverture de l'espace de Schengen à des pays candidats comme la Roumanie dont les mafias déferlent à l'intérieur même de l'Union – voir l'affaire de l'exploitation de mendiants faux ou vrais infirmes – relève sinon de la complicité, du moins d'une inconscience coupable.

Il faut se rendre à l'évidence :

> « Dans combien d'États, dénonce Jean de Maillard, les dirigeants politiques ne sont plus que des chefs de bandes parmi d'autres, des parrains qui rançonnent les populations abandonnées à leur arbitraire sanguinaire ou corrompu[17] ? »

Aux États-Unis même, le système fiscal favorise délibérément les entreprises américaines qui peuvent défiscaliser leurs exportations en passant par les paradis bancaire et fiscaux. Mais il faut en l'occurrence, après l'énormité du scandale de la faillite de la tentaculaire Enron, aller plus loin et se demander si, à travers les étranges accointances et compromissions de la Maison Blanche avec ce type de déconfiture, n'est pas remis en question un système qui autorise et favorise les collusions d'intérêts entre milieux d'affaires et responsables politiques. Car il ne s'agit pas seulement ici de la couverture ponctuelle par des membres de l'équipe Bush (où figurent nombre d'anciens cadres d'Enron) des truquages des comptes de ce géant de l'énergie dont les dollars ont permis le succès républicain. Est en cause le financement *général* par le privé de la vie politique dont les élus se doivent ensuite de légiférer ou de fermer les yeux sur leurs malversations en faveur de leurs bailleurs de fonds. Or, comme l'écrit l'éditorialiste du Monde[18],

> « Enron n'est devenu la septième capitalisation américaine qu'à travers des sociétés écrans installées dans les paradis fiscaux, des « sociétés partenaires » dont elle ne comptabilisait pas les dettes. Or personne, pas plus la Bourse et surtout la réputée société d'audit Arthur Andersen, aujourd'hui touchée à mort, n'a trouvé à y redire. »

A ce titre, en décembre 2001 l'affaire Enron est symbolique mais non exceptionnelle, car elle a fait lever le voile sur les bilans, aussi opaques que douteux – aux États-Unis et ailleurs – de nombreuses firmes aussi importantes qu'IBM ou Daimler Benz, jetant une lumière crue sur le fonctionnement perverti du capitalisme et de la démocratie dite « de marché ». Des révélations ultérieures sont venues confirmer ces premières affaires : en février 2002, le conglomérat Tisco avoue une dissimulation de dépenses de 8 milliards de dollars, en juin Xerox reconnaît avoir gonflé ses résultats de 1,4 milliards de dollars sur la période 1997-2001, WorldCom, le premier groupe mondial de télécommunications révèle – juste avant de déposer son bilan – avoir répertorié en un peu plus d'un an 3,8 milliards de dollars de charges courantes en dépenses d'investissements. De nombreuses poursuites sont en cours, aux États-Unis et ailleurs. Le Président Bush et son vice-Président, Dick Cheney sont fortement soupçonnés d'avoir eux-mêmes pratiqué, lorsqu'ils assumaient la reponsabilité d'entreprises, ce qu'ils condamnent aujourd'hui comme responsables politiques. En France, la Commission des opérations de bourse (COB) a ouvert une enquête sur « l'information financière » du groupe Vivendi Universal dont les petits actionnaires rassemblés en une association des petits porteurs actifs (APPAC) s'estimant « lésés par une présentation erronnée du bilan et de la présentation financière de la trésorerie » porte plainte pour « faux et usages de faux »... La liste de ces malversations, loin d'être actuellement exhaustive, se révèlera sans aucun doute à l'avenir, n'être également que provisoire...

Les managers de ces firmes aux pratiques délictueuses ne sont pas seuls en cause. La responsabilité du secteur bancaire dans la caution apportée à ses méfaits est également avérée. Qui peut croire, en effet, que l'expertise dont se prévalent les plus grandes banques mondiales n'était pas à même de déceler en temps et en heure, les trucages et dissimulations contenus dans les bilans de ces firmes ? On doit rapprocher ce constat de ceux de la mission parlementaire française sur le blanchiment en Europe, présidée par le député Vincent Peillon, – pointant le Liechtenstein, le Luxembourg et Monaco – et de la commission d'enquête du Sénat américain sur les banques aux États-Unis. Ces deux enquêtes ont montré en effet que la complicité des institutions bancaires avec les organisations criminelles a largement franchi la ligne jaune.

Les institutions internationales ne sont pas en reste. Le G8 a fermé pudiquement les yeux sur les détournements de l'aide internationale par le clan Eltsine et, alors que ces malversations étaient connues de tous, les prêts du FMI ont continué. Ainsi l'utilisation réelle des fonds alloués à Moscou était révélée dans le rapport du cabinet international Price Waterhouse Coopers, divulgué le 3 août 1999, par le quotidien russe *Kommersant*. Cet argent du FMI, censé soutenir le rouble, avait atterri en fait, grâce à un montage passant par le paradis fiscal de Jersey, dans les poches des parrains de la nomenklatura mafieuse qui contrôle le pays. Mais cela n'empêchait pas le FMI, en pleine connaissance de cause, et sans aucune protestation de ses membres (représentants de gouvernements) de confirmer en août 1999 un nouveau prêt de 4,5 milliards de dollars à l'adresse des mêmes. S'agissant de particuliers, on parlerait de complicité.

Le « marché de la loi »

Que résulte-t-il de ce pourrissement pour l'économie? Les États sont en proie aux effets de la dissymétrie propre à la mondialisation ultralibérale : celle-ci porte essentiellement sur les capitaux et de façon plus faible sur les marchandises. « Le reste » est laissé à la « souveraineté » (de plus en plus fictive) des États. Du coup, la criminalité est doublement favorisée : par l'ouverture des frontières et la disparition des contrôles d'une part; par le maintien des barrières nationales limitant le champ d'action des polices et des appareils judiciaires chargés de poursuivre le crime d'autre part. Le juge Eric Halphen ne déclarait-il pas lors d'un colloque :

> « Il faut cinq minutes pour déposer un million de francs aux Pays-Bas, cinq autres minutes pour le transférer sur un compte britannique, cinq de plus pour le transférer une nouvelle fois sur un compte en Suisse. Enfin, il faut une journée pour se rendre dans ce pays, solder le compte, traverser la rue et ouvrir un compte dans un autre établissement helvétique [...]. Le juge devra atteindre six mois pour obtenir une commission rogatoire aux Pays-Bas, presque un an en Grande-Bretagne, près de six mois encore en Suisse pour s'apercevoir que le compte incriminé a été soldé[19]. »

La loi est donc devenue un enjeu du marché, du fait de cette capacité offerte par la dérégulation économique et financière de miser sur les trafics de ce qui reste interdit par les États-nations quand ceux-ci ont perdu les moyens d'imposer leurs prohibitions. Ainsi dans les marchés de la drogue ou du vivant : renforcer la prohibition fait monter les prix, la relâcher les fait baisser mais favorise l'extension des marchés par l'invention de nouveaux produits et l'attaque de nouvelles couches de consommateurs.

Les centres off-shore – paradis fiscaux, bancaires et judiciaires – adaptent leurs réglementations pour permettre à ceux qui viennent s'y immatriculer de se soustraire aux lois des autres États. *La loi elle-même est donc vendue au plus-offrant.* Elle « est devenue une simple valeur marchande qui se négocie sur le marché de la mondialisation criminelle[20]. »

En mettant l'accent sur la liberté d'un individu réduit à un détenteur de valeurs négociables sur le marché et en renonçant à ses propres fonctions de maîtrise publique des marchés, l'État a laissé la régulation sociale se déplacer vers les systèmes d'intérêts privés et leurs organisations. Ainsi émerge un nouvel ordre où le contrôle social se situe à l'intérieur de réseaux parmi lesquels les réseaux « fondamentalistes », « criminels » ou « ethniques » ; soit un nouveau modèle fractal qui leur permet de se substituer à l'État défaillant. Laissons Jean de Maillard en tirer quelques leçons majeures.

> « Dans la dialectique éternelle de l'Un (individu) et du Tout (société, État), [écrit-il], la société moderne avait tranché en séparant l'espace public et l'espace privé et en s'organisant autour de cette dichotomie fondatrice [...] [mais] l'anthropologie de la mondialisation fait apparaître des espaces sociaux où les frontières, sociologiquement parlant, n'ont plus d'utilité puisque les regroupements communautaires peuvent s'effectuer désormais en ignorant les contraintes géographiques autrefois déterminantes. Un tel système n'est plus apte à définir ce que peut-être le bien commun... il se rend impuissant face à la montée des regroupements mafieux. »

Finalement « la mondialisation, fondée sur le principe de déréglementation, secrète une *criminalité consubstantielle*, inscrite dans la logique des nouvelles formes de production économiques et financières[21] ».

Les racines économiques essentielles de la tragédie de Manhattan – misère extrême, financement mafieux – et l'extrémisme suicidaire qu'elles engendrent étant largement perçues, on aurait pu croire (on l'a même cru) que les remèdes n'allaient pas tarder. Mais malgré quelques faux-semblants, pourquoi les lendemains du 11 septembre et « l'après Talibans », avec l'élimination des fanatiques de Kaboul et la chasse ouverte d'Al-Qaïda, ne semblent qu'avoir enclenché la marche au pire ?

Deuxième partie

Après Manhattan : De révisions avortées en contradictions renforcées

DANS L'IMMÉDIAT APRÈS-11 SEPTEMBRE, la stupéfaction passée, les résistances à changer la donne semblaient être vaincues. D'un seul coup, de nouvelles évidences paraissaient s'imposer. Il n'était désormais plus question de tergiverser face au danger terroriste.

Le G7, le président des États-Unis et la Commission européenne décrétaient subitement le contraire de ce qu'ils préconisaient encore la veille et décidaient d'appliquer des mesures qu'ils avaient jusqu'alors considérées comme impossibles. Le *Financial Times* constatait alors – non sans une certaine nostalgie – « l'abandon par l'administration Bush de sa posture de laisser-faire, au profit de l'activisme fiscal, d'un interventionnisme agressif et régulateur et du sauvetage d'entreprises en déroute[1]. » Le sociologue allemand Ulrich Beck comparait les attentats de Manhattan à « un Tchernobyl de l'économie mondiale : comme on enterrait là-bas les discours béats sur les bienfaits de l'énergie nucléaire, on enterre ici les promesses de salut du néolibéralisme[2]. » De son côté, le rédacteur en chef éditorialiste des *Echos*, Erik Izraelewicz, déclarait : « Les États-Unis ont pris conscience à cette occasion de leurs responsabilités dans l'instauration d'un nouvel ordre mondial [...] La nécessité d'une gouvernance mondiale est reconnue[3]. » Enfin, le président d'ATTAC, Bernard Cassen, ironisait : « Jamais M. Bush n'a été plus proche de nos thèses. » Mais les succès militaires qui grisent les âmes faibles et le temps qui passe ont fait oublier – très vite – les premières résolutions dont pourtant la mise en œuvre ne se caractérisait pas par une hardiesse excessive.

Ainsi, la question du financement du terrorisme a bien suscité quelques mesures. Personne, on le comprend, n'a voulu rester inactif. On semblait vouloir s'attaquer aux circuits du blanchiment de l'argent sale. Le 23 septembre 2001, le président Bush déclarait : « Aujourd'hui, nous avons lancé une frappe sur les fondations financières du réseau planétaire de la terreur. » Il s'agissait en l'occurrence de la publication de vingt-sept noms de personnes ou de groupes liés à Al-Qaïda dont les États-Unis exigeaient le gel des avoirs partout dans le monde, cette liste devant être par la suite étendue à quelques autres dizaines de noms. La plupart des États se sont volontiers pliés à cet ultimatum et l'on a vu bientôt leurs ministres des Finances annoncer fièrement le montant des sommes bloquées sur ces comptes comme autant de preuves de leur action contre le financement des réseaux du terrorisme mondial. Le 28 septembre 2001, le Conseil de sécurité des Nations unies adoptait à son tour une résolution (n° 1373) qui décidait que les États devaient, entre autres, geler sans attendre les fonds et autres avoirs financiers ou ressources économiques des personnes ou des organisations qui, directement ou indirectement, commettaient, ou tentaient de commettre, des actes de terrorisme. Le 29 et le 30 octobre 2001, lors d'une réunion plénière extraordinaire tenue à Washington, le GAFI voyait sa mission étendue au-delà du blanchiment d'argent. Il s'occuperait désormais également et en priorité de la question du financement du terrorisme. Dans cette perspective, de nouvelles recommandations spéciales étaient proposées. Pour l'essentiel, elles réaffirment la nécessité de déclarer les transactions suspectes liées au terrorisme et de se donner les moyens de coopérer en matière judiciaire. Le gel des avoirs des terroristes est également préconisé. L'Union européenne n'est pas non plus restée inactive. La directive du Parlement européen et du Conseil du 4 décembre 2001 sur le blanchiment des capitaux a ainsi, entre autres, étendu l'obligation de déclaration de soupçon de blanchiment à des professions comme les notaires et les avocats. Le règlement du Conseil européen du 27 décembre 2001 sur la lutte contre le terrorisme a, quant à lui, fixé des principes se voulant très stricts et détaillé très précisément par qui et de quelle façon les avoirs des personnes et entités soupçonnées de soutien au terrorisme doivent être gelés.

Il serait difficile de n'être pas d'accord avec toutes ces recommandations et ces décisions. Pourtant – et c'est bien là le problème – on reste sur sa faim. Trouve-t-on vraiment des signes concrets d'une volonté de remettre en cause les bases de ce système financier déréglementé où l'opacité des transactions est devenue la norme et qui a permis aux terroristes de manipuler leurs fonds comme ils l'entendaient ? Certes, le gel de plusieurs millions de dollars doit poser quelques problèmes aux terroristes. Remarquons d'abord que l'idée du procédé n'était pas nouvelle puisque les résolutions 1267 et 1333 du Conseil de sécurité, respectivement de 1999 et 2000, le préconisaient déjà. Ensuite, on peut malgré tout supposer qu'il n'y a aucune raison pour que les terroristes et ceux qui les soutiennent ne trouvent pas le moyen d'ouvrir d'autres comptes, dans d'autres banques ou institutions, sous d'autres noms. L'allongement de la liste noire de Georges W. Bush peut continuer *ad libitum* sans qu'on s'attaque aux racines du problème. Quelles sont les mesures prises contre l'existence des paradis bancaires et fiscaux ? A-t-on remis en cause la reconnaissance juridique des sociétés-écrans qu'ils abritent ou des transactions qu'elles y effectuent ? Soumet-on désormais les gros mouvements de fonds à un quelconque contrôle ? Le secret bancaire est-il remis en cause concrètement là où on en abuse ? On voit que si l'on vise bien ici à interdire aux terroristes et à leurs complices l'accès aux réseaux bancaires et financiers, le fonctionnement même de ces réseaux, loin d'être dénoncé, se trouve toujours implicitement légitimé. La lutte contre le blanchiment s'arrête au point précis où elle pourrait remettre en cause les pouvoirs économiques ou financiers qui en sont les premiers bénéficiaires. On ne saurait mieux illustrer cette philosophie par la terreur du communiqué des ministres des Finances du G20 réunis le 16 novembre 2001 qui, adoptent un plan visant « à interdire aux terroristes et

à leurs complices l'accès ou le recours à nos systèmes financiers et à mettre fin à l'utilisation abusive des réseaux bancaires informels » ; l'existence même de ces réseaux, loin d'être
dénoncée, se trouve donc implicitement légitimée, puisqu'on
se contente de condamner leur « utilisation abusive ».

On faisait mine de revenir sur la conception d'un État passif laissant s'exercer souverainement la régulation par le marché. « Ils sont maintenant tous keynésiens », soulignait le
Financial Times du 5 octobre 2001. Devant l'ampleur des
coûts qu'il leur faudrait assumer, les compagnies d'assurance
plaidaient, elles-mêmes, avec éloquence l'existence d'un type
de risque dont la couverture incomberait logiquement aux États.
Les pays européens s'autorisaient des souplesses dans l'application du pacte de stabilité. Quant au gouvernement des États-
Unis, il mettait en place très vite un plan de relance de
120 milliards de dollars dont 15 milliards en faveur des compagnies aériennes. Mais en dépit des efforts déployés par les
Démocrates, la manne échappait aux 100 000 personnes licen-
ciées en septembre à la suite des attentats, aux chômeurs en
général, ou à ceux dont la situation économique et sociale était
la plus critique. Car, disait-on, il ne fallait pas, en stimulant la
demande, risquer de provoquer l'inflation. Celle-ci est en effet
très néfaste à la valeur réelle de « la rente »… Seuls quelques
pays portaient davantage leurs efforts vers les bas revenus et
le soutien à la consommation, comme la France, où la prime
à l'emploi au salarié était renouvelée. Mais ce ne sont pas ces
pays, on le sait, qui donnent le ton en matière économique.
Globalement, ce « keynésianisme », loin de remettre en cause
les intérêts établis au nom de l'intérêt général représenté par
l'État, se bornait à panser leurs blessures.

On semblait enfin s'intéresser à la misère du monde,
mais cet intérêt s'arrêtait à la récompense des bienheureux
convertis de la dernière heure, hier qualifiés d'États-voyous,
aujourd'hui nobles alliés. Trente pour cent de remise de dette,
donc, pour le Pakistan, dont la collaboration était cruciale

et qui était ainsi récompensé de son ralliement, mais nulle instance n'évoquait la question plus générale de l'annulation de la dette des pays pauvres. Les plans d'ajustement structurels (PAS) du FMI continuaient à s'appliquer avec la même rigueur : à l'Argentine notamment, au bord de l'effondrement. Nulle part n'était envisagée une quelconque augmentation de l'aide publique internationale indispensable au démarrage des pays les plus défavorisés, sauf, encore une fois, pour le Pakistan qui bénéficiait en trois mois d'un ensemble d'aides représentant un montant de six milliards de dollars[4].

« Bye bye Argentina, welcome Pakistan » symbolise bien, selon Alfredo Valladao[5], la nouvelle architecture économique que l'équipe Bush, traumatisée par le 11 septembre, tend à imposer à ses partenaires. A Monterrey, au Mexique, en mars 2002, en dépit de la présence de 260 ONG autour de 50 chefs d'État, dont Bush et Chirac, la Conférence des Nations unies, censée réduire la pauvreté dans le monde a surtout permis d'afficher les divergences accrues opposant les États-Unis, l'Europe et les pays du Sud. Alors que l'objectif initial de l'ONU était de réduire de moitié la pauvreté d'ici 2015, en portant l'aide publique au développement (APD) à 0,7 % du PIB, cette contribution des pays riches a diminué passant de 0,34 % en 1990 à 0,22 % du PIB en 2000. Le « consensus minimaliste » adopté aboutissait, malgré l'ampleur de la mobilisation et cependant grâce à elle, à un effort dérisoire : une augmentation de l'aide européenne de 2 % et de l'aide américaine de 3 %, soit pour Washington l'allocation généreuse de 5 milliards de dollars d'ici à 2006. On mesure la parcimonie des États-Unis si on compare cette somme à la hausse de 55 milliards de dollars de son budget de la défense en un an ! Néanmoins, à Monterrey les désaccords se sont nettement amplifiés entre les pays du Sud, soutenus par des voix européennes réclamant un coup de pouce sérieux de l'APD, et celle du président américain persistant à tabler sur la seule croissance du commerce et des investissements pour assurer le développement. L'idée montante d'une taxation de type Tobin des transactions internationales y a même été reprise par l'Allemagne sans toutefois être adoptée.

En fin de compte, l'aide parcimonieuse des États du Nord était la règle pour la majorité des pays du Sud exception faite de quelques élus au premier rang desquels figure le Paskistan en raison des impératifs militaires que l'on sait. Sans doute y aura-t-il « plus de joie dans le ciel pour un seul pécheur qui se repent que pour quatre-vingt dix-neuf justes qui persévèrent » (Luc 15, 7), mais la sollicitude envers le repenti n'assure pas le bonheur des quatre-vingt dix-neuf oubliés de la fortune.

Cette sollicitude s'est étendue en août 2002 au Brésil – avec le déblocage par le FMI avec l'accord du Trésor américain d'une ligne de crédit de 30 milliards de dollars. La banqueroute annoncée de ce pays menaçait en effet l'ensemble des intérêts des États-Unis en Amérique latine : marchés et investissements des entreprises, engagement des banques notamment. Dans l'intérêt suprême de son pays, le secrétaire d'État américain au Trésor, Paul O'Neil a donc rompu partiellement avec le dogme de non-assistance aux pays au bord de faillite qu'il avait lui-même édicté. Sans pour autant, remettre en cause l'essentiel : le contenu des plans d'ajustement structurels subordonnés à ces aides.

Au total, on se montrait plus prompts à s'en prendre aux libertés fondamentales qu'à s'attaquer aux intérêts établis. Il serait sans doute démagogique de contester que certaines restrictions de liberté puissent être nécessaires en période d'insécurité. Mais des inquiétudes se sont exprimées en Europe ou en Amérique du Nord concernant notamment la forme et l'étendue des contrôles, la nature des actes susceptibles de tomber sous le coup des mesures visant le terrorisme, ou les possibilités d'extension abusive de la durée des détentions provisoires. En décembre 2001, quarante parlementaires américains, qui n'appartiennent pas tous à l'opposition démocrate, dénonçaient la création par décret présidentiel de tribunaux militaires spéciaux qui, disaient-ils, « permettraient des arrestations secrètes, des actes d'accusation secrets, des procès secrets et même des exécutions secrètes. » Comme l'écrit John Le Carré,

> « Nous nous empressons de renforcer nos effectifs de police et de renseignement et de leur donner des pouvoirs accrus, nous mettons entre parenthèses les droits civiques élémentaires et restreignons la liberté de la presse, nous imposons de nouveaux tabous journalistiques et une censure occulte, nous nous espionnons nous-mêmes et, dans les pires extrêmes, nous profanons les mosquées et harcelons de pauvres concitoyens, parce que leur couleur de peau nous effraie. Toutes ces peurs que nous partageons [...] sont précisément les peurs que nos agresseurs souhaitent nous voir nourrir[6]. »

On peut donc dire que les signes apparus après le 11 septembre 2001 d'une possible prise de conscience de ce qui pouvait permettre d'endiguer le terrorisme se sont très vite estompés. Une triple évolution allant à rebours des exigences d'une paix durable s'est bientôt engagée, au terme de laquelle aujourd'hui aucun des enseignements que l'on semblait vouloir tirer de la tragédie du 11 septembre ne paraît avoir survécu. D'abord, la réponse apportée à la mondialisation du terrorisme semble se limiter à des interventions militaires sur un mode complètement décalé par rapport à la forme d'organisation en réseau qui est celle de ces groupes. Alors que les organisations terroristes interviennent en dispersant leurs attaques dans les endroits les plus variés, la coalition antiterroriste croit pouvoir en finir avec Al-Qaïda et ses émules en concentrant ses forces sur quelques fronts où se rassemblerait l'ennemi. Ensuite, l'unilatéralisme étatsunien habituel en matière de politique internationale semble devenir maintenant systématique, comme si l'horreur des attentats du 11 septembre 2001 légitimait en retour toutes les actions de la victime. Enfin, tout se passe comme si à travers ces deux premières évolutions, on assistait à un changement de paradigme : au couple démocratie-marché, qui s'imposait comme un référent quasi-universel depuis la chute du Mur de Berlin, se substitue désormais le couple sécurité-marché.

CHAPITRE III

Une guerre diffuse entre réseaux à l'échelle mondiale

LA RÉPONSE DES ÉTATS-UNIS AUX ATTENTATS DU 11 SEPTEMBRE a été essentiellement militaire. Il s'agit pour la puissance américaine de mener « une guerre sans fin » au terrorisme. Pourquoi donc ce slogan paraît-il vain, s'interroge encore, avec beaucoup d'autres, Edgard Morin[1]. Soulignant l'originalité radicale d'Al-Qaïda, l'auteur de *Terre Patrie*[2] remarque l'émergence d'une organisation structurée au niveau mondial, dépourvue d'État central et de territoire permanent. Le terrorisme benladénien « ignore les frontières, transgresse les États devenus pour certains des coquilles vides, et se ramifie sur le globe »… « Sa puissance financière et sa force armée sont transnationales » du fait qu'« elle utilise tous les *réseaux* déjà présents dans la société-monde. C'est pourquoi une lutte vraiment efficace contre Al-Qaïda ne relève pas de la « logique de guerre » classique utilisée entre nations mais d'une démarche de fond tout autre.

On ne peut en effet comprendre la nouvelle donne sans relier le type de mondialisation économique en cours à la mondialisation des conflits. La séquence se découperait ainsi en trois étapes :

1 – La globalisation économique se développe sur la base d'une financiarisation où peuvent se renforcer les réseaux mafieux.

2 – L'existence de cette opacité des transactions, où les États-nations ne cessent de s'affaiblir, laisse libre cours à la production d'un terrorisme généralisé.

3 – L'accroissement de la capacité de nuisance des réseaux terroristes au niveau mondial fournit le prétexte d'une militarisation de la planète sous la conduite de la superpuissance hégémonique.

Ce scénario procède d'une logique inédite. Il a comme support essentiel les technologies de communication moderne, l'ordinateur en premier lieu. Or celles-ci offrent les mêmes possibilités et imposent les mêmes principes d'organisation au système économique néolibéral qu'à ceux qui prétendent le combattre. Comme l'a bien montré Manuel Castells[3], avec un monde qui se vit désormais comme unité en temps réel, le « village planétaire », analysé et anticipé par McLuhan, se trouve réalisé… pour le meilleur et pour le pire.

Un hyperterrorisme en réseaux

Il est en effet essentiel de voir que cette ouverture à la société-monde s'effectue sous la forme de *réseaux*. Cette forme d'organisation de type horizontal se révèle infiniment plus performante que la structure verticale et hiérarchique d'hier, exigée notamment par la concentration des lieux d'activité, de commandement et de financement des branches économiques les plus lourdes. L'ordinateur a été le moteur et l'expression achevée de cette révolution informatique en permettant la multiplication à l'infini de cette horizontalité relationnelle. La structuration de la société-monde d'aujourd'hui est donc celle de réseaux multiples qui peuvent être d'information, bancaires, industriels, ou d'organisations citoyennes pacifiques… mais aussi criminelles. Ceux-ci relient entre eux des individus ou des groupes d'intérêt commun, indépendamment de toute base territoriale et de façon aussi instantanée que permanente. C'est cette circulation devenue primordiale de l'« immatériel » (l'information, notamment) qui relègue au second plan et sans prise sur elle, les traditionnelles réalités territoriales. Car les résistances au système – pacifiques ou violentes – exploitent les mêmes technologies. C'est ainsi grâce aux contacts permanents et à la mobilisation qu'elles permettent que les mouvements citoyens peuvent entretenir et développer à l'échelle du monde des contestations aussi puissantes que celles de Seattle en 1999 et des forum mondiaux de Porto Alegre en janvier 2001 et février 2002.

Mais c'est aussi grâce à ces mêmes techno-structures, bases de la mondialisation, que se sont planétarisées les formes modernes, meurtrières, du nouveau terrorisme, dont Manhattan a été l'illustration. Ainsi existe-t-il dans le monde, au-delà même d'Al-Qaïda, des centaines de réseaux terroristes, petits groupes quasi-autonomes, d'autant plus redoutables que leurs capacités de survie, voire de prolifération, ne sauraient se combattre seulement par de simples démarches de police ou de représailles. Pourquoi ? Parce que la disparition de l'un de ces réseaux ou même d'un de ses chefs ne compromet pas durablement leur existence. Sans doute ne sont-ils pas entièrement dépourvus de bases territoriales : camps d'entraînement et infrastructures abritées par des États plus ou moins complices tel l'Afghanistan des Talibans pour Al-Qaïda. Mais les coups que leur portent les États territoriaux ne sauraient les éradiquer complètement et éviter leur perpétuation ou leur renaissance si les conditions s'y prêtent.

Pensons par exemple aux nouveaux attentats comme ceux perpétrés contre la synagogue de Djerba le 11 avril 2002 ou à Karachi le 8 mai 2002 contre des ressortissants français travaillant à la construction de sous-marins pakistanais.

Que faire en effet contre les deux atouts majeurs de ce qu'on pourrait qualifier de « stratégie du microbe contre l'éléphant »[4] ? A savoir : l'imperceptibilité et la dissémination, dues aux réseaux du « microbe », qui rendent bien précaires les mesures purement militaires, y compris les plus sophistiquées de l'« éléphant » américain. Alors que Ben Laden et le mollah Omar courent toujours et se permettent même de revendiquer sinon de justifier les attentats par le drame israélo-palestinien, on est conduit à s'interroger. A l'heure où l'Amérique ne songe qu'à reprendre son rêve de mise en place d'un bouclier nucléaire qui la protégerait définitivement d'armes de destruction massive, comment empêcherait-elle la récidive des illuminés qui ont pu, armés de simples cutters, déjouer à Manhattan toutes leurs défenses ?

On ne peut ignorer non plus cette stratégie dite de « résistance sans dirigeants » à laquelle Noam Chomsky[5] fait allusion et qui reposerait sur de petits groupes autonomes où chacun se connaît (donc non infiltrables) mais qui s'ignorent mutuellement, tout en possédant une grande liberté d'initiative.

Dans la mesure où l'hyperterrorisme est un produit de la globalisation, au même titre que les firmes transnationales, les ONG ou l'économie mafieuse, les États-Unis – et leurs alliés de circonstance – sont confrontés en réalité à un conflit sans précédent : dépersonnalisé et délocalisé où l'ennemi sans visage se trouve partout. Sans visage : l'attentat de Manhattan n'a été accompagné après coup d'aucune revendication concrète. Ce sont les États-Unis qui l'ont identifié à la figure de Ben Laden avant même d'avoir présenté des preuves établissant formellement sa culpabilité, pour mobiliser le peuple américain alors qu'ils ont sans doute affaire à une hydre à têtes multiples. Délocalisé, parce que face à un réseau mondialisé, ce ne sont plus des nations qui s'affrontent : il n'y a plus ni front ni limites territoriales. Quand l'ennemi n'est nulle part il est partout, et c'est alors la planète entière qui devient suspecte et champ de bataille. Partout : c'est en Amérique que les kamikazes se sont entraînés ; atteint dans son refuge taliban, Al-Qaïda a essaimé, échappant aux bombardements destructeurs les plus sophistiqués. Son aspect insaisissable est frappant face à la vulnérabilité de la plus grande puissance. La menace, on le sait, n'a pas cessé. Pendant de longs mois, la psychose de l'anthrax, fruit de ce que l'on a pensé être un nouveau bioterrorisme, a fait trembler l'Amérique. Tout accident fait immédiatement penser à un nouvel attentat. De nouvelles alertes renaissent en permanence, tantôt concernant des groupes d'habitations particuliers, tantôt un homme armé voulant célébrer à sa manière l'*Independance Day*... Fin août 2002, on parle de la reimplantation discrète d'Al-Qaïda en Afganistan... Une épée de Damoclès flotte en permanence sur les États-Unis... et sur le monde. On frémit à l'idée à ce que pourrait être un terrorisme nucléaire. Deux leçons se dégagent de cette situation. Avec cette guerre non déclarée qui éclate, s'éteint et repart[6] et, en guise de riposte, des attentats sans fin, on constate l'échec de la seule supériorité technologique et militaire contre des résistances humaines aux moyens inédits. De là, l'inévitabilité de solutions politiques à la mesure des dégâts de la globalisation. Or, loin d'envisager ces issues avec les autres pays de la planète, les États-Unis ont mis en place, depuis le 11 septembre, une stratégie basée sur la force militaire dont il nous faut analyser les motivations et les effets.

La spirale de la force brute

« La guerre au terrorisme est un travail de longue haleine... »
Il durera des années car le réseau de Ben Laden subsiste aux États-Unis ou dans les pays européens, a avoué Donald

Rumsfeld, secrétaire d'État à la Défense[7]. Il semble bien que la mise à mal par la catastrophe de Manhattan du mythe de l'invulnérabilité des États-Unis et de leur foi en une suprématie indéfinie ait fait ressurgir certaines tendances mortifères que portaient dans ses gènes la patrie du libre-échange qui fut aussi celle du génocide de ses Indiens. Comme si le propos de Jaurès « Le capitalisme porte en lui la guerre comme la nuée porte l'orage » retrouvait une saisissante actualité à travers les options sécuritaires qui prévalent dans le QG de la globalisation. Dans *Les guerres du XXIe siècle*[8] – un titre ô combien significatif – Ignacio Ramonet cite d'entrée un analyste américain porteur de l'idéologie actuelle de Washington :

> « Les États-Unis, premier État proto-mondial, ont la capacité de prendre la tête d'une version moderne de l'empire universel dont les membres se soumettent volontairement à son autorité. »

Comme si, à la manière d'un Frankenstein, suscité par l'apprenti-sorcier américain, le terrorisme benladénien avait contaminé les USA, guidés à leur tour par un principe selon lequel « tous les moyens sont au service de la fin, à savoir nos intérêts ». La stratégie du contre-terrorisme global, définie par le Pentagone et expérimentée en Afghanistan contre Al-Qaïda, n'est autre aux yeux d'un Edgard Morin[9]

> « [qu'] une sorte d'alliance entre deux formes de barbarie : [...] une barbarie de destructions et de massacres venue du fond des âges et une autre barbarie venue du règne anonyme et glacé de la technique, d'une pensée qui ignore tout ce qui ne relève pas du calcul et du profit. »

Aussi bien, aux yeux des spécialistes les plus avertis, comme Alfredo Valladao ou Pierre Hassner[10], il apparaît que, derrière la « stratégie anti-terroriste » globale promue par le Département d'État après la brisure du 11 septembre se soit

profilée une nouvelle doctrine impériale que certains, Outre-
Atlantique, condensent en un « Tuez les tous » explicite
visant tous les ennemis. De toute évidence, elle hypothèque
lourdement la démocratie.

Cette fuite en avant dans le militaire et l'anéantissement
pur et simple de l'adversaire sous couvert d'éradication du
« terrorisme » – dangereuse notion passe-partout – vient en
effet de dévoiler l'une de ses faces les plus noires au Proche-
Orient dans le conflit israélo-palestinien. Car il va de soi que
l'offensive de Sharon en mars-avril 2002 dans les territoires
occupés et les zones autonomes des Palestiniens – en réplique
aux sinistres attentats kamikazes de ces derniers – avec ses
tueries et destructions massives, n'a pu avoir lieu qu'avec l'a-
val de la Maison Blanche.

C'est pourquoi le cliché partout repris de la lutte anti-terroriste doit être à nouveau démystifié. Si l'on considère avec
Edgar Morin[11] que le terrorisme relève « d'actes de violence
frappant indistinctement les populations civiles », l'auteur
constate d'abord que le « terrorisme » a été très largement
employé dans le passé par beaucoup de futurs chefs d'État,
de Begin à Mandela. Mais il remarque qu'il concerne au
moins tout autant un certain « terrorisme d'État », souvent
beaucoup plus meurtrier, dont Washington s'est largement
rendu coupable dans le monde. Ainsi, au Proche-Orient, où
l'on compte dix fois plus de civils palestiniens tués que de
civils israéliens, Edgar Morin n'est pas le seul fondé à dire
qu'il y a du terrorisme dans les méthodes déployées par le
gouvernement Sharon. Ce qui n'absout pas pour autant les
attentats barbares des kamikazes palestiniens qui s'en prennent aux civils israéliens.

Mais le raisonnement du sociologue s'applique également
au terrorisme d'État qui a marqué l'écrasement de
l'Afghanistan – en tant que refuge d'Al-Qaïda – lequel a fait
« des milliers de victimes civiles tant par les bombardements
que par la famine et l'exode des populations ».

Une nouvelle paranoïa impériale

L'un des aspects les plus régressifs et dangereux de cette nouvelle paranoïa impériale se traduit dans la rhétorique quelque peu moyenâgeuse du président américain prétendant incarner comme on sait le combat du « Bien contre le Mal ». Ainsi affiche-t-il non seulement un complet aveuglement sur les causes humaines de l'hyperterrorisme, mais il réaffirme le vieil esprit de croisade de l'Occident contre l'Orient, rejoignant ainsi le discours fondamentaliste de Ben Laden. Ce qui nous conduit, on l'a vu, au retour de la théorie du « choc des civilisations » d'Huntington au détriment de celle, plus civilisée, des droits de l'homme. Cette nouvelle forme de guerre fondée sur le « tout sécuritaire », menace la démocratie. La multiplication des mesures liberticides, aux États-Unis même, n'est-elle pas en train de reproduire les réflexes du maccarthysme honni d'autrefois ? Mais le plus inquiétant sans doute de ce changement de cap géostratégique est qu'il tourne le dos au futur et le compromet peut-être durablement. En s'engageant dans la spirale de la force brute, l'hyperpuissance américaine est sur le point d'entraîner le monde dans d'interminables conflits, d'autant plus absurdes qu'elle veut ignorer les transformations structurelles de ce monde en mutation, au sein duquel se développe de l'hyperterrorisme endémique actuel.

CHAPITRE IV
De l'unilatéralisme
à l'ivresse impériale

LA POLITIQUE DU FAIT ACCOMPLI, ou d'unilatéralisme aggravé semble être devenue la nouvelle norme diplomatique des États-Unis. Leur civilisation est censée être « la meilleure » et ils combattent au nom des « valeurs universelles ». Pas d'impérialisme à leur reprocher puisqu'ils représentent la « lutte du Bien contre le Mal »... dans lequel sont inclus tous ceux qui ne sont pas avec eux. Un monde asymétrique se dessine, facilité par la docilité des organisations internationales et *last but not least* la passivité politique de l'Europe.

« Au multilatéralisme international de Bill Clinton, fondé sur « la règle garantie par la force », se substitue l'unilatéralisme de Bush junior fondé sur « la force garantie par la règle ». Une règle définie à Washington et fortement conseillée aux alliés et amis » : le jugement d'Alfredo Valladao[1] est largement partagé. Il apparaît bien qu'à travers le 11 septembre « la relation des États-Unis avec le reste du monde ait été bouleversée et qu'une véritable « doctrine impériale » y soit née », s'inquiète de son côté Pierre Hassner[2], accentuant brutalement les orientations dessinées depuis 1989. Selon ce politologue, « le schéma de deux mondes séparés », où Washington ne se privait certes pas d'intervenir, mais en courtier de la démocratie, « s'est effondré avec les tours du World Trade Center. »

Les fondements de l'unilatéralisme

Avec un Centre frappé à l'intérieur de ses frontières, les adversaires, complètement démonisés, sont désormais partout : de l'Afghanistan à l'Irak en passant par l'Iran, de la Somalie aux Philippines. Cette crainte, aiguisée par la prise de conscience de leur vulnérabilité aux attaques terroristes, conduit les États-Unis vers une sorte d'« ivresse impériale » ; un dangereux schématisme – « nous contre les autres » – s'est emparé d'une large partie de l'opinion droitière, relayée par une large partie de la presse et par le secrétaire à la Défense, Donald Rumsfeld. Avec la hantise de la prolifération des armes de destruction massive – nucléaires, chimiques ou biologiques – maintenant accessible aux réseaux terroristes, la conscience d'une menace existentielle s'est faite jour, qui opposerait les « barbares » à la « civilisation » américaine. Le seul rempart à cette agression réside dès lors dans la mobilisation tous azimuts d'un arsenal militaire et technologique. Mais l'usage de cette force doit être défini et pratiqué sous le seul leadership américain au détriment d'une coopération internationale devenue purement ponctuelle et surtout formelle.

Pour maints commentateurs, la nouvelle ambition de Bush est claire : « maintien de la paix à partir de la définition de la guerre selon nos propres termes ». La mise en œuvre de cette stratégie se traduit par la création d'un Commandement sécuritaire unique en mesure de donner la priorité, et des pouvoirs *ad hoc*, aux instruments de lutte antiterroriste, en particulier sur le territoire national. Tous les moyens, des services de renseignements à l'appareil judiciaire, doivent être mis au service de cet impératif, au risque déjà visible de prendre les libertés en otage et de décupler la force de la spirale du réarmement. De ce fait, les règles du jeu international définies par le passé, notamment lors de la période de la guerre froide, sont frappés d'obsolescence et le Département d'État rompt peu à peu au fil des conflits avec ces normes.

Il n'est pas inutile de rappeler que cette nouvelle doctrine ne fait en réalité que radicaliser un certain unilatéralisme passé déjà largement en usage : durant les décennies 1970 et 1980, en effet, Nixon au Chili, Reagan au Nicaragua ne s'étaient pas privés d'utiliser, directement ou indirectement, la force pour dompter toutes les velléités de renversement de l'ordre établi dans leur arrière-cour latino-américaine. Outre la défense d'un leadership sur le pré carré américain, cette stratégie interventionniste avait de profonds mobiles économiques. La centralité américaine à cet égard s'affirme dès la fin de la Seconde Guerre mondiale et c'est peu à peu qu'elle deviendra franche hégémonie.

En 1945, le système de Bretton Woods est déjà construit autour du dollar, seule monnaie désormais convertible en or et donc référence obligée des autres monnaies. Aujourd'hui, sur les cent premières multinationales du monde, vingt-six sont américaines et détiennent un tiers des actifs internationaux de l'ensemble. La conséquence de cette centralité est simple : les problèmes internes des États-Unis influent exagérément sur le reste du monde. Que s'est-il passé ? Quand au début des années 1970, s'établissent d'importants déficits extérieurs, les dirigeants américains préfèrent rompre la convertibilité en or du dollar (1971) et faire éclater le système des parités fixes de Bretton Woods (1973). Les créanciers étrangers n'ont d'autre solution que d'accepter cette décision puisque l'énormité de la dette des États-Unis interdit qu'elle soit réellement recouverte. Au début des années 1980, devant un nouveau regain du déficit extérieur, Washington décide d'ouvrir le marché financier aux investisseurs privés qui du coup financent le déficit extérieur des États-Unis. Les autres nations se résignent à s'adapter, acceptant la prise en main progressive de la finance privée sur l'économie internationale. On le voit : les règles du jeu en matière de finances sont établies à Washington en fonction de critères qui n'ont rien à voir avec l'intérêt général de l'ensemble des nations auxquelles on ne laisse d'autre choix que de suivre le mouvement.

L'unilatéralisme prend donc ici un sens particulier qui l'apparente à l'impérialisme puisque les décisions d'un seul s'imposent de fait à tous. Et c'est ainsi que la vision financière du monde s'étend. Les organisations internationales financières, qui, par définition, sont des instances de décision où la concertation et la coopération devraient être de mise, sont souvent ainsi peu à peu devenues les garantes d'une orthodoxie simpliste, quand elles ne sont pas de simples instruments que les États-Unis utilisent quand bon leur semble à des fins politiques. Le FMI et la Banque mondiale en sont des exemples flagrants. Le FMI n'a d'international que le nom. Il a été créé selon des règles établies par le Trésor américain et l'on serait très étonné de le voir prendre des décisions qui contreviendraient aux intérêts immédiats des États-Unis : avec 17,5 % des droits de vote, ce pays y dispose d'une minorité de blocage sur toutes les décisions importantes qui ne peuvent être prises qu'à une majorité de 85 % des voix. Les aides allouées aux pays qui en font la demande, souvent pour rembourser leurs dettes, ne sont évidemment accordées qu'à la condition que ces pays se soumettent à des plans d'ajustement structurels qui privilégient avant toute chose la limitation des dépenses publiques et la libéralisation à tous crins de l'économie, l'équilibre des budgets et la libre circulation des marchandises et des capitaux étant devenus des buts en soi. Dans ces conditions, on imagine mal comment des pays qui visent à se développer pourraient réussir à le faire, puisqu'il leur est quasiment interdit d'utiliser les aides qu'ils reçoivent, dans des investissements lourds indispensables à ce développement mais qui aggraveraient forcément à court terme leur déficit. Pour ne prendre qu'un exemple : le développement d'infrastructures d'enseignement sans lesquelles un pays ne peut espérer disposer de cadres et de techniciens compétents est ainsi sacrifié à la nécessité de présenter un budget bien équilibré. On voudrait maintenir ces pays dans le sous-développement qu'on ne s'y prendrait pas autrement... Joseph E. Stiglitz met en évidence le rôle que joue le Trésor américain dans la définition de cette orthodoxie et la rigueur avec laquelle elle est appliquée.

Le cavalier seul de Washington

Voici donc les États-Unis plus que jamais promus au rang de gendarme du monde tenus de faire respecter leur loi universelle face au Mal omniprésent. Leur volonté de règne sans concurrence se traduit d'abord par un gonflement rarement égalé de leur budget militaire qui connaît une augmentation – fait sans précédent depuis vingt ans – de 55 milliards de dollars en un an. Désormais, l'addition des budgets militaires russe, chinois, français, allemand et britanique est inférieure à la somme allouée au Pentagone qui culmine à 344 milliards de dollars pour 2002. Une seule puissance surpasse très largement désormais en matière militaire le reste du monde. Remarquons que cette domination sans partage est à composante surtout technologique : le Pentagone voit ainsi ses fonds doubler pour 2003 en vue de préparer un arsenal de défense *high-tech* encore plus performant. La campagne afghane visant à détruire le régime taliban et le réseau d'Al-Qaïda en a fourni une illustration édifiante. La Grande-Bretagne mise à part, les alliés européens se sont vu confier des tâches subalternes et leur implication dans la définition de la stratégie de guerre a été quasi-nulle. Ainsi, les Européens sont « réduits au statut des métèques dans l'Athènes du temps de Périclès », écrit Nicolas Baverez[3].

L'accroissement phénoménal des moyens alloués à l'armée et aux services de sécurité ne peut qu'inquiéter les autres pays, lesquels risquent de vouloir remettre en cause cette domination par un moyen simple : augmenter leurs propres capacités militaires. C'est de la sorte qu'on entretient, par exemple, la tendance déjà marquée de la Chine au militarisme. La course aux armements a de beaux jours devant elle.

Ainsi, en novembre 2001, opposés au traité sur l'interdiction des armes nucléaires, les États-Unis s'abstiennent de se faire représenter à la conférence se tenant à New-York en vue de faciliter l'entrée en vigueur dudit traité sans pour autant qu'il engage le Pentagone.

En décembre 2001, ils annoncent leur retrait du traité ABM sur les missiles anti-balistiques. Il faut ici noter que c'est la première fois dans l'ère nucléaire que ce pays se retire d'un traité portant sur la limitation des armements. De fait, aujourd'hui, ce traité n'existe plus puisque l'absence des États-Unis lui retire tout sens.

Toujours en décembre 2001, à Genève, lors de la cinquième conférence d'examen de la Convention internationale de 1972 interdisant le développement, la production et le stockage des armes biologiques, le sous-secrétaire d'État américain demande l'annulation des mandats des États signataires et tente de mettre un terme aux négociations en cours. Rappelons que cette Convention, qui n'interdit pas la possession de souches dangereuses à des fins de recherche pacifique, proscrit simplement « les armes, l'équipement ou les vecteurs destinés à [leur] emploi à des fins hostiles ou dans des conflits armés. » Mais les stratèges étatsuniens semblent ne plus supporter le moindre contrôle sur leurs recherches militaires[4].

L'unilatéralisme ne se limite pas aux questions militaires. La protection de la nature et la santé publique sont aussi concernées.

A l'occasion de la rencontre de Marrakech, en novembre 2001, les États-Unis réitèrent – seuls contre tous – leur opposition au protocole de Kyoto qui vise à limiter les rejets dans l'atmosphère de dioxyde de carbone. Responsables à eux seuls du quart des rejets mondiaux de dioxyde de carbone et, à cet égard, premiers pollueurs du monde, les États-Unis estiment n'avoir pas à se soumettre au protocole. Libre aux autres de limiter leurs rejets afin d'essayer de sauver la planète de l'asphyxie, mais pour le président Bush, « le mode de vie américain n'a pas à être remis en cause. » A tel point d'ailleurs, que la politique énergétique étasunienne est construite sur une hypothèse de croissance de la consommation d'énergie de 1,3 % par an jusqu'en 2020. Or, selon L'Agence internationale de l'énergie, un habitant des États-Unis consomme déjà en moyenne 5,5 tonnes d'équivalent pétrole par an contre 1,2 tonnes en moyenne mondiale.

A Nairobi, en octobre 2001, les représentants de l'administration Bush combattent le protocole sur la biosécurité visant à réglementer le commerce des OGM. Sans même parler de la question des éventuels problèmes de santé publique ou de déséquilibres écologiques posés par ceux-ci, l'idée que des populations puissent décider de ne pas accepter ce que les transnationales de l'agro-alimentaire veulent leur faire consommer est apparemment inconcevable. Avec l'aide de l'Australie, les États-unis obligent le Sri Lanka à abandonner en septembre 2001 le moratoire décidé par ce pays sur les plantes transgéniques. La Croatie est également forcée de renoncer en décembre 2001 à une loi préconisant l'interdiction des OGM, les États-Unis menaçant de porter l'affaire devant les instances de l'OMC. On voit d'ailleurs ici que le juge suprême invoqué par les États-Unis pour faire fléchir les récalcitrants est une instance dont le domaine de compétence est censé n'être que commercial, mais qui dans les faits exerce une influence dans bien d'autres domaines.

D'autres exemples méritent aussi d'être mentionnés ici. Le problème des paradis fiscaux est crucial et concerne tout le monde. Il n'est pourtant pas question pour les États-Unis que l'OCDE ou le G7 s'y intéressent de trop près. On a vu que ces territoires sont en quelque sorte l'avant-poste d'un monde économique déréglementé tel que le rêvent les idéologues néo-libéraux, piliers de l'administration Bush. Les États-Unis se sont donc opposés, en mai 2001, à ce que ces organismes puissent agir efficacement dans ce domaine. Peu importent le développement de la criminalité économique, la corruption, le blanchiment d'argent sale ou le manque à gagner en termes de recettes fiscales..., l'essentiel est que les entreprises américaines continuent de profiter des services inégalés de ces eldorados de l'économie néolibérale.

L'unilatéralisme militaire et économique des États-Unis décrit plus haut est complété, toujours au nom de l'impératif de la lutte contre le terrorisme, par la prescription de missions « adaptées » aux alliances multilatérales, dirigées par Washington. Ainsi l'Organisation du traité de l'Atlantique nord (OTAN) et l'Organisation des États américains (OEA), devenues forces supplétives, ponctuellement disponibles, doivent désormais « appliquer toutes les missions anti-terroristes non-militaires » du leader, selon ses procédures : contrôle financier, douane et émigration, police scientifique, trafic d'armes, coopération judiciaire et policière[5].

La faiblesse des résistances internes au diktat sécuritaire

Jusqu'où cet *imperium* peut-il aller ? Les différentes traductions de l'unilatéralisme de Washington sur la scène mondiale suscitent finalement peu de résistances tant à l'intérieur des États-Unis qu'au niveau européen. Les Démocrates, liés comme leurs adversaires au complexe militaro-industriel, n'opposent pas de réels arguments permettant de mettre en échec la nouvelle doctrine. Tout au plus peut-on dire qu'ils se veulent plus proches de l'agro-business que des lobbies pétroliers dont le poids croissant est incarné par l'accession au pouvoir de l'équipe Bush. Le meilleur exemple de cette collusion d'intérêts étant sans doute le vice-président Dick Cheney qui fut, de 1995 à 2000, à la tête d'Halliburton, l'une des principales sociétés mondiales de recherche pétrolière. L'influence de ce milieu sur la définition de la politique américaine n'est pas un fait complètement nouveau. Ainsi peut-on constater avec François Chesnais[6], que « dix ans après la guerre du Golfe, le fils Bush ne fait que récolter d'une certaine manière les fruits de la victoire scellés par les accords avec les féodaux intégristes d'Arabie Saoudite pour le plus grand profit des majors pétroliers américains ». De ce point de vue, la politique de Clinton a davantage assuré une continuité entre les présidences de Bush senior et junior qu'il n'a engagé de ruptures.

Bien sûr, cela n'empêche pas aujourd'hui l'expression de diverses sensibilités dans la mise en œuvre d'une doctrine unilatéraliste dont le principe n'est pas contesté. Ainsi, on a pu s'apercevoir qu'en politique extérieure deux courants, parmi les Républicains et la fraction des Démocrates qui leur est la plus proche, se partagent l'influence auprès du président Bush : l'un « hégémoniste et unilatéraliste » incarné par les plus conservateurs, privilégie le langage de la force face à un monde extérieur ressenti comme hostile. Ce courant – auquel est sensible le Pentagone – s'oppose aux organisations internationales considérées comme gênantes et coûteuses ; l'autre courant, plus « pragmatique et gestionnaire », est incarné par le Département d'État de Colin Powell. Mais même s'il fait mine d'être plus respectueux des alliés, du droit international et des institutions internationales, il n'y a pas, chez les adeptes de cette méthode, de renonciation à l'utilisation de la force en ultime recours… lorsqu'on le juge « nécessaire » comme dans le cas de l'Irak.

Il s'agit donc de différence de degré et de méthode plus que de fond : pour l'un et l'autre courant

> « la politique étrangère devrait, dès lors, avoir pour fonction d'affirmer "l'Etre" éternel de l'Amérique, pour empêcher la balkanisation et le relativisme culturel dans le monde, mais aussi aux États-Unis. Et on peut se demander si ce n'est pas l'un des buts des discours et de la politique de George Bush : recréer un intérêt national mythique transcendant les clivages[7]. »

On ne peut que redouter cette véritable idéologie impérialiste fondée sur la force. « Rejoignez-nous dans notre croisade ou vous devrez affronter certaines perspectives de mort et de destruction... Qui n'est pas avec nous est contre nous », affirme ainsi Bush quelques jours après le 11 septembre. Pour ou contre, il n'y a pas de compromis possible. Ce diktat idéologique et militaire ne peut dès lors que jeter une lumière crue sur l'inexistence politique de l'Europe.

C'est ainsi qu'à Barcelone les 15 et 16 mars 2002, malgré des manifestations records, le Conseil européen a continué d'obtempérer dans des domaines-clés (libéralisation de l'énergie, retraites et fonds de pension, flexibilité du travail et modération salariale) aux tables de la Loi néolibérale[8]. Un économiste aussi européaniste que Christian de Boissieu peut ainsi déplorer

> « le divorce entre d'un côté la forme ambitieuse de mariage que constituent l'Union économique et monétaire (avec l'arrivée début 2002 de l'euro) et de l'autre la relative impuissance de l'Europe quand il s'agit de peser sur le cours des événements internationaux[9]. »

Relative seulement ? La priorité au sécuritaire ne tend-elle pas à devenir la norme en Europe avec des poussées anti-démocratiques croissantes ? De fait, cette montée de l'impératif sécuritaire des deux côtés de l'Atlantique élevée au rang de finalité, est en train de mettre à mal les valeurs au nom desquelles on prétend combattre la barbarie terroriste.

CHAPITRE V

De la négation des valeurs au nom desquelles on prétend combattre

HIER, ON INVOQUAIT LE COUPLE DÉMOCRATIE-MARCHÉ. Le premier élément exprimait le libre exercice – par le bulletin de vote – des volontés citoyennes sur le terrain politique. Le second était le lieu où s'affirmait la liberté des choix des mêmes citoyens – par le billet de banque – au plan économique. Les deux termes du couple étaient indissociables.

A la justification du système par les vertus complémentaires de la démocratie et du marché s'est substitué à la Maison Blanche le couple sécurité/terrorisme. Une évolution qui génère visiblement la perversion des valeurs dont les États-Unis prétendent être le symbole. Les droits et libertés des citoyens ne résistent pas à l'impératif sécuritaire.

A vrai dire, est-on si regardant sur les valeurs lorsqu'on choisit pour alliés l'Arabie Saoudite, le Pakistan, la Russie ou la Chine ? Car, en matière de soutien aux mouvements terroristes dans le monde (d'Al-Qaïda au Hamas palestinien) et de mépris des Droits de l'homme, l'Arabie Saoudite, soumise à la Charia et grande exportatrice de fondamentalisme wahabite, a peu de choses à envier au défunt régime des Talibans. Mais cette monarchie est une puissance pétrolière décisive pour la bonne marche de l'économie de l'Oncle Sam. La complaisance est donc de mise : Washington ferme les yeux sur le soutien actif aux groupes terroristes algériens et palestiniens ainsi que sur le mépris permanent des droits de l'homme. Moyennant quoi, les princes saoudiens demeurent de fidèles alliés de la puissance américaine. Ce *modus vivendi* contraint néanmoins la monarchie saoudienne à effectuer un périlleux grand écart entre son intégrisme islamique viscéral et la présence obligée des bases militaires étasuniennes.

Au nom des « valeurs universelles »

Mais ce positionnement s'avère de plus en plus délicat à gérer compte tenu du conflit israélo-palestinien. Ajoutons qu'au chapitre démocratique, la nouvelle stratégie antiterroriste a permis à Washington de s'attirer les bonnes grâces d'autres puissances de premier plan, fraîchement converties aux délices du libéralisme mais fort peu reluisantes au chapitre des libertés. Ainsi la Russie s'est empressée, sous couvert de lutte contre le terrorisme, de poursuivre son mini-génocide contre le peuple tchétchène ; de même pour la Chine qui voit ainsi facilitée sa répression en cours tant contre les Tibétains que les minorités ouïgoures dans la province du Xinjiang.

« Quand l'Empire devient barbare », que reste-t-il alors des valeurs dites démocratiques et universelles censées le justifier ? Il semble en effet, constate un Pierre Hassner, qu'avec le primat de la force unilatérale et « la nouvelle alliance entre capitalisme et nationalisme… l'écart croissant des valeurs », déjà visible à ses yeux entre les États-Unis et le reste du monde, se soit singulièrement accusé. Ainsi, par exemple, dans le simplisme de western des discours du président Bush soutenu par une bonne partie de l'intelligentsia américaine.

Ce discours présente la notion de sécurité comme la source des autres valeurs démocratiques. En d'autres termes, la démocratie n'existerait que parce que la sécurité serait assurée, l'inverse n'étant même plus envisagé. Dans cette perspective, la sécurité devient une valeur en soi ; et l'on se croit autorisé à prendre des mesures qui sont la négation même de ce pour quoi l'on prétend combattre.

Mais pour Washington cette objection n'a pas lieu d'être. Pourquoi d'ailleurs, les États-Unis devraient-ils s'interroger sans cesse sur le bien-fondé de la mise en place d'un arsenal sécuritaire sophistiqué ? Ne sont-ils pas à l'avant-garde de la défense des valeurs universelles ? Reflétant cette tranquille assurance, une incroyable superbe s'exprime, à travers quelques précautions verbales, dans l'effarante *Lettre d'Amérique*[1] signée par soixante « grands » intellectuels démocrates et conservateurs « modérés »... à laquelle heureusement d'autres intellectuels, non moins représentatifs, ont rétorqué[2]. On ne prétend pas que les valeurs américaines sont en soi universelles. Plus subtilement, il existe des valeurs universelles et il se trouve que ce sont celles auxquelles adhèrent les États-Unis : « Il existe des vérités morales universelles (que les fondateurs de notre nation appelèrent « lois de la Nature et de la nature de Dieu ») et [...] elles s'appliquent à tous. » Ou encore : « Nous tenons à rappeler que ce que nous appelons trop facilement des valeurs américaines n'est pas l'apanage de la seule Amérique : c'est l'héritage commun de l'humanité[3]. » Il ne s'agit donc pas d'imposer l'ordre américain au monde, mais de défendre les valeurs universelles que les États-Unis ont eu évidemment le bon goût de faire leurs. On peut préférer à ce texte la réplique de cent vingt écrivains, journalistes et universitaires américains : « C'est seulement en étant solidaires des victimes de la domination américaine que nous, dans les pays riches, manifesterons les valeurs universelles que nous prétendons défendre. »

A la définition du Bien pour une partie de l'intelligentsia s'ajoutait bientôt, le 29 janvier 2002, la désignation par Georges Bush d'un « axe du Mal » comprenant (à sa convenance) la Corée du Nord, l'Iran et l'Irak... puissances pourtant bien disparates mais coupables d'être potentiellement porteuses d'armes de destruction massive. Mais alors que les grands « Axes » du passé, « Berlin-Rome » ou « Berlin-Tokyo » étaient matérialisés par des accords politico-militaires, les pays de l'« axe du Mal », fort peu angéliques par ailleurs, n'ont pas passé entre eux le moindre pacte de coopération. Qui ne voit qu'on risque d'entrer dans une véritable rhétorique de guerres de civilisation où les peuples qui ne se reconnaîtraient pas d'emblée dans le modèle et les valeurs des États-Unis seraient considérés comme ennemis au nom de la formule de Bush : « Qui n'est pas à nos côtés est contre nous. » En faisant de ses valeurs, le seul référant universel, Washington tourne le dos à la mise en œuvre d'un dialogue des cultures et des civilisations qui aurait pour finalité la démocratie et la justice. Au lieu d'avancer vers ce projet, la puissance américaine choisit d'abandonner la finalité démocratique de son action pour privilégier la force et la sécurité. De deux choses l'une, soit l'on fait la guerre à tous les ennemis de la liberté au nom de la démocratie et alors il faut dénoncer l'action de la Russie en Tchétchénie ou le terrorisme d'État de Sharon contre les Palestiniens – sans accepter pour autant les attentats des kamikazes contre les civils israéliens –, soit on fait la guerre à toutes les formes d'actions terroristes non-étatiques et on prend le risque d'obérer la résolution des problèmes qui les génèrent : le non-respect des droits des Tchétchènes par l'État russe, la répression des Ouïgours dans la province chinoise du Xinjiang, la non-application des résolutions de l'ONU sur les territoires occupés par Israël, etc.

Des valeurs démocratiques bafouées

C'est ainsi qu'au nom même de ces soi-disant valeurs universelles on se croit autorisé à prendre des mesures qui en sont la négation.

Qu'en est-il alors du respect de la vie ? « Il faut les tuer tous », ainsi le secrétaire d'État à la Défense, Donald Rumsfeld prolonge-t-il les propos du général Sherman à l'encontre des Sudistes lors de la guerre de Sécession et la tradition de l'extermination des Indiens. La violence de masse est donc immédiatement considérée comme réponse à la barbarie.

De fait, outre les victimes directes des bombardements massifs de l'aviation américaine, ce sont 7 à 8 millions de civils afghans, hommes, femmes et enfants, innocents de tout lien avec le terrorisme, qui à la veille de l'hiver 2001-2002, se trouvaient jetés dans la nature, sans ressources, sans médicaments, menacés de mourir de faim, d'épuisement, de dysenterie ou de choléra.

Mais, selon une enquête publiée par le *New York Times*, 60 % des Américains étaient favorables à une guerre, « même si des milliers de citoyens innocents devaient être tués ». Propos et attitudes stupéfiants en un temps où l'on croyait justement que l'expérience politique de l'Occident obligeait à un certain recul critique sur sa propre histoire. C'est ainsi qu'on assiste, comme l'explique Pierre Hassner dans *La lutte du bourgeois contre le barbare*, non seulement à « l'embourgeoisement du barbare » (Ben Laden), mais aussi à la « barbarisation du bourgeois ». En effet, dix mois après les attentats du 11 septembre 2002, on assiste, aux États-Unis à la fragilisation de droits aussi fondamentaux que l'information et la justice.

Où est en effet la démocratie sans l'information qui éclaire les choix des citoyens ? Or, ce droit fondamental a subi de profondes atteintes. En Afghanistan, la plupart des journalistes, cantonnés dans leurs hôtels, n'ont souvent rien vu des événements dont ils devaient rendre compte. Leur principale source d'information provenait des réunions organisées par des officiers affectés à cette tâche. La version officielle de la « guerre propre » a ainsi failli encore une fois s'imposer sans grand problème. Lorsque certains de ces journalistes s'aventuraient dans les hôpitaux ou vers des zones où avaient eu lieu des combats, et ramenaient des informations qui n'allaient pas dans le sens de la version des faits présentée par le Pentagone, ces informations étaient immédiatement niées par les autorités militaires. Pour ne prendre qu'un exemple, les témoignages recueillis auprès de civils blessés par les bombardements américains autour de Tora Bora, ont été présentés par le vice-amiral John Stufflebeem comme étant « orchestrés par les Talibans ». Comme très vite la réalité des faits ne pouvait plus être niée, le secrétaire d'État à la Défense, Donald Rumsfeld, expliquait le 4 décembre 2001, lors de la conférence de presse quotidienne du Pentagone, que ces victimes civiles s'étaient trouvées entre deux feux et qu'il était impossible de connaître leur nombre pour diverses raisons liées aux difficultés du terrain. L'information n'était donc pas ici interdite, mais tout simplement posée comme invérifiable. Quant au bien-fondé des actions qui étaient à l'origine de ces centaines de morts innocents, il n'a jamais été ne serait-ce que mis en question par les autorités. En général, on passait bien vite à des sujets plus excitants : Où se trouvaient les unités d'élite ? Allait-on utiliser des drones dans des missions d'attaque en profondeur ? Notons enfin qu'une administration spécifique était très officiellement mise en place pour diffuser de fausses informations – par exemple sur la question de la santé mentale du mollah Omar – afin de tromper et de déstabiliser l'adversaire.

Il n'y a qu'un pas de tels comportements à la négation délibérée du droit à une information libre des citoyens. Les habitudes se prennent vite. Les libertés ne sont jamais acquises définitivement. La tradition de transparence établie aux États-Unis depuis le scandale du Watergate est ainsi remise en cause. Même des principes ancrés dans la loi peuvent être volontairement bafoués. En décembre 2001, le secrétaire d'État à la Justice John Ashcroft invite par circulaire ses services à ne pas céder sans résistance aux demandes s'appuyant sur la loi relative à la liberté de l'information, permettant aux citoyens, médias ou associations de demander communication de tout document non classé « secret défense » touchant à l'intérêt général : il s'agissait de s'opposer à la divulgation d'informations concernant les étrangers arrêtés après le 11 septembre (leur nombre, leurs lieux de détention, leur identité). Quant à ce qui se passe sur la base militaire de Guantanamo, le black-out, sauf exceptions, reste la règle.

De façon plus radicale encore, le président Bush avait déjà, le 5 novembre 2001, émis un « ordre » soustrayant les archives de la présidence – même classées aux archives nationales – aux normes actuelles de consultation. On refusait même l'ouverture des archives présidentielles de la période reaganienne (1981-1989), ce qui suscitait une action en justice d'un comité d'historiens et de journalistes.

Le refus d'informer le public, ou bien simplement les autorités publiques qui en font la demande, peut n'avoir strictement rien à voir avec la lutte contre le terrorisme. Peu importe. L'ambiance est là, qui ne justifie rien mais ouvre le champ à toutes les tentations. Il en est ainsi de certains aspects de l'affaire Enron. L'enquête de la justice américaine sur la faillite du géant américain du courtage de l'énergie posait semble-t-il des problèmes à l'administration Bush. Dès lors la Maison Blanche s'est opposée à la publication de documents du groupe de travail sur la politique de l'énergie présidé par le vice-président Dick Cheney au printemps 2001. Ce refus a conduit – fait sans précédent – le *General Accounting Office* (GAO), organe de contrôle de l'administration placé sous l'autorité du Congrès, à saisir la justice : il soupçonnait que le projet de loi concernant l'énergie avait été préparé en consultant essentiellement les producteurs, sans qu'on s'attarde sur les questions touchant à l'environnement et aux intérêts des consommateurs. Les documents ont donc été tout de même publiés, mais caviardés, d'où une nouvelle plainte pour obtenir des documents complets[4]. Ainsi, ce sont toutes les règles de transparence auxquelles est soumise la présidence depuis le scandale du Watergate il y a trente ans que G.W. Bush tente de remettre en question. Le droit à l'information, fondement même de toute démocratie, tend à devenir aléatoire et à s'exercer à sens unique.

Il perd peu à peu son sens s'il n'est pas accompagné de la liberté d'expression. Nous avons déjà montré que la rhétorique manichéenne qui porte la lutte contre le terrorisme posait le soupçon sur tout discours qui refusait de s'en tenir à l'alternative terrorisme/soutien inconditionnel à la politique des États-Unis. Défendre publiquement des positions pacifistes ou proposer une analyse critique des causes des attentats du 11 septembre 2001 devient chose difficile. Une station de radio de San Francisco a ainsi licencié un journaliste qui avait osé interviewer Barbara Lee, seul membre du Congrès américain ayant voté contre la guerre[5]. La place faite dans les médias aux prises de position ou manifestations hostiles à la guerre est réduite au maximum, quand les propos tenus ne sont pas déformés. Le *New York Times*, rendant compte dans un article d'une manifestation pacifiste lors de laquelle on avait pourtant réclamé que les auteurs des attentats soient poursuivis en justice, titrait de la façon suivante : « Des protestataires réclament la paix avec les terroristes. »[6] Certains cas confinent même à la caricature. Ainsi, cette étudiante de Caroline du Nord voyant arriver chez elle trois agents de sécurité qui venaient l'interroger sur le matériel de propagande anti-américaine qu'elle détenait chez elle : quelqu'un avait vu sur un mur de sa chambre un poster dénonçant la peine de mort, ce qui, forcément, impliquait des menées suspectes...[7]

Le mépris de la justice au nom de la sécurité

Dans un autre registre, les droits élémentaires à la justice et au respect de la personne étaient refusés à des centaines de « suspects » de toutes nationalités, arrêtés aux États-Unis au lendemain des attentats, emprisonnés, isolés et privés de recours. La loi antiterroriste votée par le Congrès américain et entrée en vigueur le 26 octobre 2001 permet dorénavant d'arrêter et de détenir pendant « un temps raisonnable » n'importe quel étranger soupçonné d'entretenir des liens avec des organisations terroristes et cela sans que la personne inculpée ni même son éventuel avocat n'ait la possibilité d'accéder au dossier.

Les conditions de détention dégradantes infligées aux combattants directement liés à Al-Qaïda doivent bien sûr aussi être mentionnées. Les États-Unis affirment mener une guerre, mais n'accordent pas à ceux qu'ils ont capturés et enfermés sur la base militaire de Guantanamo Bay à Cuba le statut de prisonnier de guerre prévu par la convention de Genève. Ils n'en font pas non plus pour autant des prisonniers civils, puisque les garanties constitutionnelles habituelles leur sont également refusées. Ce sont des « combattants illégaux », catégorie *ad hoc* qui permet aux autorités étasuniennes de faire ce qu'elles entendent sans avoir à se soucier de respecter les règles péniblement adoptées au fil d'une évolution séculaire. Ces principes sont également bafoués quand les autorités américaines n'hésitent pas parfois à envoyer ces suspects dans des pays avec les États desquels la CIA entretient des liens privilégiés et qui, eux, pratiquent la torture, comme l'Egypte et la Jordanie[8]. Pourtant, ces prisonniers, aussi fanatiques soient-ils et quels que soient leurs crimes, ont le droit - en tant qu'êtres humains – d'être détenus et jugés normalement, même si c'est pour se trouver très sévèrement condamnés. Les seuls qui sont assurés d'avoir un procès en bonne et due forme sont des combattants occidentaux comme l'Américain David Walker ou le Français Zacharias Moussaoui que Washington a cependant refusé de livrer à la justice française au mépris des conventions internationales, l'exposant ainsi à la peine de mort toujours en vigueur dans le pays de l'oncle Sam. Pense-t-on qu'il y a deux humanités, l'une, occidentale, qui mériterait d'avoir des droits, et l'autre qui ne pourrait en revendiquer aucun ? Il faut le croire, lorsque le 12 juillet 2002, à propos de la création de la Cour pénale internationale, le Conseil de sécurité cédant aux pressions de l'administration Bush désireuse de mettre ses propres ressortissants au-dessus de la loi commune, proclame l'impunité (pour une année reconductible) des soldats agissant dans les opérations de paix autorisées par les Nations unies. On atteint alors le sommet de l'aberration : on permet aux militaires intervenant contre les criminels de guerre, de commettre eux-mêmes impunément des crimes de guerre tout en échappant à la Cour devant laquelle ils entendent traîner les autres...

Les États-Unis ont pourtant été, dans le passé, à l'origine d'initiatives particulièrement heureuses quand il s'agissait de répondre à la question délicate du traitement de personnes s'étant livrées à la barbarie sur une grande échelle. Ce sont eux qui ont imposé à Churchill le procès de Nuremberg. Le Premier ministre britannique se serait en effet volontiers contenté de passer les principaux dignitaires nazis par les armes pour ne juger que les subalternes. Il ne s'agit pas ici de procéder à une *reductio ad hitlerum* du problème terroriste, mais simplement de montrer que face à la pire des barbaries, les États-Unis ont su en leur temps réagir avec intelligence à la question du jugement de certains criminels les plus abjects. Leur reproche-t-on d'avoir alors manqué de fermeté en soutenant l'idée de ce procès ? Viendrait-il à l'idée de qui que ce soit de traiter les juristes américains d'alors de traîtres à la patrie ou de soutiens objectifs du nazisme ? Dans quelle régression des droits fondamentaux s'engage Washington ?

Se dessine-t-il un monde où la démocratie et ses valeurs tendent à devenir de simple outils verbaux au service d'un régime hégémonique qui érige en fin ultime la sécurité du système en place ? Tout entière soumise à l'objectif d'éradication du terrorisme par des moyens qui ne prennent en compte aucun des caractères premiers du phénomène – misère, inégalités et humiliation -, la politique étasunienne s'enferme dans une logique perverse de la force et de l'arrogance. Non seulement celle-ci ne réduit pas les risques du terrorisme, mais elle remet en cause les principes mêmes de modernité politique voire de civilisation dont se prévaut ce pays.

En Europe, les menaces pour la démocratie prennent une autre forme.

« Est-il encore utile de voter après le sommet de Barcelone ? » titrait récemment Bernard Cassen (président d'ATTAC) dans *Le Monde Diplomatique*, montrant comment les décisions qui y avaient été prises – des salaires aux retraites – « confisquaient la souveraineté populaire ». Fâcheuse prémonition au « séisme » électoral français du 21 avril 2002, marquée autant par une abstention « historique » que par la montée inégalée de l'extrême-droite lepéniste, croyant venue l'heure du Pouvoir. Plus troublant : le ralliement à l'extrémisme droitier d'un électorat modeste d'ouvriers et d'employés, traduit une crise profonde de la démocratie. Celle-ci est sans doute perçue comme fort mal défendue socialement par son pilier naturel, la gauche de pouvoir, gagnée aux yeux de beaucoup, par un « social-libéralisme » fort oublieux de ses valeurs. Cependant les énormes protestations de rue provoquées par ces affaissements politiques, comme en Italie ou en France le 1er mai 2002, illustrent la puissance renouvelée des résistances et la prise de conscience que la démocratie du tout-marché, synonyme d'exclusion de masse, nécessite une alternative véritable.

L'érosion des normes internationales

Si aux États-Unis, les droits aussi essentiels que l'information et la justice subissent les assauts de la spirale sécuritaire, il en est de même pour le droit international. Serait-ce une tradition ? L'une des atteintes la plus flagrante au droit international – comme le rappelle Noam Chomsky[9] – a eu lieu en 1983 lorsque le président Reagan a attaqué le Nicaragua, miné ses ports, soutenu les Contras en lutte contre le gouvernement sandiniste au prix de la mort de 30 000 civils. Sans doute « le prix en valait-il la peine » ! Condamnés par la Cour internationale de La Haye pour « usage illégal de la force », les États-Unis rejetaient le verdict, déclaraient ne plus reconnaître cette juridiction et intensifiaient leur aide aux Contras. Ils faisaient échouer peu après par leur veto une résolution du Conseil de sécurité appelant tous les membres de l'ONU à respecter le droit international. Le droit du plus fort étant maintenant devenu la règle, il ne reconnaissent plus en ce qui les concerne l'autorité d'aucune justice internationale, comme celle de la Cour pénale internationale… tout en exigeant des autres qu'ils s'y soumettent. Ce n'est d'ailleurs pas se ranger du côté détestable des Talibans et nier le caractère indéfendable de leur régime que de remarquer en bonne justice qu'une fois de plus, en Afghanistan, les procédures légales d'intervention ont été violées : la Charte des Nations unies ne reconnaît en effet que l'autodéfense et non les représailles… surtout quand elles s'apparentent à la loi du talion.

Il faut malheureusement constater qu'un des pires effets de l'« antiterrorisme global » est non seulement d'avoir permis, par la reprise générale de cette formule passe-partout, le renforcement de la répression à l'encontre des minorités dans le monde entier, mais d'avoir réussi à neutraliser également l'un des rouages essentiels des Nations unies : la Commission des droits de l'homme. En refusant notamment de dénoncer les auteurs – Russie et Chine – de la tragédie permanente qui se joue pour l'un en Tchétchénie, et pour l'autre au Tibet ou au Xinjiang, le 26 avril 2002 à Genève lors de la clôture de sa réunion annuelle, cette Commission a perdu encore un peu plus de sa crédibilité. Le poids des

États-Unis (redoutant un texte mettant en cause les dégâts de sa politique anti-terroriste), aidés par quelques États musulmans menés par l'Algérie, y a été décisif.

Il serait temps de se demander si l'alibi « antiterroriste » n'est pas en train de permettre les plus graves violations des droits humains. On savait comment Washington, pour le succès de sa croisade contre Al-Qaïda, n'avait pas hésité à s'attirer les bonnes grâces de pays aussi dictoriaux et terroristes que le Pakistan et le Soudan par des cadeaux et des remises de dette substantiels. Mais la réussite de l'opération et l'ambition pétrolière de l'Oncle Sam en Asie centrale et du sud exigeaient la connivence de Moscou et de Pékin… pourtant semoncés sous Clinton pour leur cynique mépris des Droits de l'homme. A rebours de toutes les valeurs proclamées, la Maison Blanche n'a pas tardé à acheter leur acquiescement en leur donnant quitus, sous couleur de « lutte antiterroriste », pour leurs exactions mutuelles.

Ainsi les forces russes pourront continuer de terroriser en Tchétchénie, afin de le soumettre, un peuple qui a connu un terrible calvaire : peut-être 150 000 morts et des centaines de milliers de réfugiés depuis la dernière offensive russe de 1999. L'ONG américaine « Human Rights Watch » y dénombrait la disparition de quatre-vingt-sept personnes, enlevées récemment contre rançon ou exécutées par les forces russes. C'est sous la pression de Washington et en dépit de l'opposition de quelques démocraties, que la Conférence de l'OMC à Doha, à l'automne 2001, a ouvert ses portes à une Chine en proie à la corruption générale et à la répression. Mais que pèsent les droits de l'homme contre l'ouverture d'un marché évalué à deux milliards de dollars par an ?

Triste ironie de l'histoire : alors que le texte présenté à la commission de l'ONU, réclamait un rapport sur la violation des droits de l'homme par les États sous prétexte d'antiterrorisme, « Human Rights Watch » y lisait « un signal donné selon lequel, dans la guerre contre le terrorisme, tout était désormais possible ». Il est vrai que la Maison Blanche n'a pu éviter le vote par la Commission d'un texte stigmatisant Israël pour « les tueries massives » perpétuées contre le peuple palestinien lors de l'opération de Sharon dans les camps de réfugiés en Cisjordanie. Néanmoins, la situation en Tchétchénie, où la capitale Grozny n'est plus qu'un champ de ruines, est-elle moins tragique ?

Il reste que c'est bien grâce à l'aval de Bush aux mains de son extrême-droite néo-conservatrice ou « chrétienne », qu'un « criminel de guerre en exercice » (selon l'expression de la Ligue et de la Fédération Internationale des droits de l'homme), a pu également se servir du danger terroriste pour rejeter toute perpective d'accord pacifique, écraser la résistance nationale palestinienne au mépris à la fois des décisions de l'ONU et des conventions humanitaires. Comme si la force des armes pouvait engendrer autre chose que la haine génératrice de nouvelles violences. Certes le terrorisme kamikaze du Hamas, qui a fait école, ne pouvait que provoquer le pire dans la terre des rescapés d'Auschwitz. Beaucoup cependant, y compris outre-atlantique, ont été amenés à s'alarmer sur les conséquences de cet « allié catastrophique » pour la politique d'alliance obligée de Washington avec les autocraties pétro-arabes du Golfe. Au premier rang desquelles l'Arabie Saoudite qui, après la proposition « historique » de son jeune roi Abdallah d'une paix israélo-arabe globale et juste sur les bases de la résolution 242 de l'ONU, reprise verbalement par Bush lui-même, a mis en garde ce dernier, contre les dangers dans le monde arabe de son soutien inconditionnel à l'Israël des colons. C'est alors qu'inquiet pour sa poule aux œufs d'or, le maître a immédiatement obtenu de Sharon la libération d'Arafat de ses bureaux de Ramallah, le 2 mai 2002 !

En ce sens, l'attitude de Washington dans le conflit israélo-palestinien n'a pas varié après le 11 septembre 2001. Malgré quelques critiques formulées à l'encontre de la politique d'occupation des territoires autonomes palestiniens décidée par Sharon, le gouvernement Bush a vite focalisé son atttention sur la menace terroriste sans jamais donner une chance réelle à la réactivation de négociations entre les parties en conflit afin de faire respecter le droit des Palestiniens à une terre et à un État. Cette stratégie rompt délibérement avec les efforts de l'Administration Clinton pour obtenir un accord de paix dans cette région. Efforts rendus vains, il est vrai, par les calculs politiciens de Barak, à l'époque Premier ministre israélien, laissant libre court à la provocation de Sharon sur l'esplanade du Temple en septembre 2000 – provocation qui déclenchera la seconde intifada – et l'inertie d'Arafat incapable de saisir l'opportunité d'un accord de paix esquissé à Camp David au cours de l'été 2000 et acquis à 95 % à Taba en janvier 2001. On est loin désormais de ces perspectives de paix et l'Administration Bush n'a de cesse que de vouloir éradiquer le terrorisme par tous les moyens.

C'est donc avec raison que plusieurs associations et ONG s'émeuvent de l'« érosion générale des normes en matière des droits de l'homme » dans des États qui profitent des circonstances pour intensifier la répression contre toute opposition. L'Organisation mondiale contre la torture (OMCT), et la FIDH (Fédération internationale des ligues des droits de l'homme) ont dénoncé dans leur rapport du 11 mars 2002, ces dérives de la lutte antiterroriste dont sont victimes les défenseurs des droits de l'homme au sens large. Des mesures d'exception et en particulier de discrimination raciale sont apparues ainsi dans de nombreux pays. Ces errements et ces déviations des politiques américaines ou européennes ne révèlent-ils pas au fond l'émergence pour leurs auteurs de véritables contradictions, à terme insolubles ?

Autant de contradictions qu'il importe de maîtriser en s'attaquant au nœud du problème, si l'on ne veut pas qu'un jour, les mêmes causes reproduisant les mêmes effets, de nouveaux Manhattan ne viennent endeuiller l'humanité.

TROISIÈME PARTIE
Pour maîtriser l'avenir :
S'attaquer aux racines du mal

Au total donc, après une fugitive lueur d'espoir en une prise de conscience des responsables du monde, c'est à un renforcement des contradictions antérieures aux attentats du 11 septembre que nous assistons. Bien sûr, ce n'est pas en un jour qu'on bouleversera la logique en place. Les difficultés rencontrées dans ce combat contre le terrorisme et ses causes complexes sont réelles. Pourtant, il convient de faire la part des choses et de ne pas prendre pour des obstacles naturels et éternels ce qui ne relève en dernière instance que de la volonté humaine. C'est en effet une tendance largement partagée que de considérer certains phénomènes sociaux, politiques ou économiques comme des constantes dont l'existence serait totalement indépendante des choix que nous sommes en mesure d'effectuer : les puissances établies font d'ailleurs tout ce qui est en leur pouvoir pour nous en convaincre car il y va de leur intérêt. C'est ainsi que les inégalités qui conduisent certains individus ou pays à une détresse absolue finissent par être comprises comme une fatalité, un produit d'une sorte de loi naturelle. Comme on ne saurait lutter contre une loi naturelle, on finit forcément par s'y adapter, quitte à se dédouaner en philosophant sur la cruauté du monde et de la nature.

La modification du terrain sur lequel prospère le terrorisme nous semble quant à nous très largement envisageable. Mais on ne modifie pas durablement une telle situation sans changer la logique qui la nourrit, et on ne changera pas la logique du système tant qu'on ne s'attaquera pas aux racines du pouvoir dont elle est issue.

CHAPITRE VI

S'attaquer aux racines du pouvoir
pour changer la logique du système

LA QUESTION DES MEILLEURES FORMES DU COMBAT POLI-
TIQUE contre la tyrannie du marché s'impose évidemment
après la mise à mal des utopies d'hier et les inconnues de la
mutation en marche.

Deux postulats réalistes doivent être admis. Pas de « table
rase » des acquis quels qu'ils soient, dont le passé a montré
l'extrême danger : seuls les irresponsables croient pouvoir
repartir de zéro. L'alternative suppose à la fois d'allier les
apports des contestataires de la globalisation et la réflexion
anticipatrice sur une autre rationalité – humaine et non plus
seulement marchande – du monde. C'est dire tout de suite
que les questions en débat, portant notamment sur une autre
gouvernance mondiale, sur les « biens communs » de l'humanité ou le Revenu individuel d'existence, déjà discutées

dans les cercles internationaux, ne sont pas, nous le verrons, que des pistes sans effets sur la réalité.

La rhétorique « révolutionnaire »

Deux attitudes s'opposent, complètement antagonistes, mais en fait, aussi inopérantes sinon démagogiques l'une que l'autre : la prétention révolutionnaire à changer brutalement de société et le réformisme que l'on peut qualifier de timoré.

Les tenants du changement « révolutionnaire » tout d'abord, affirment que toute réforme du système ne peut être qu'inutile ou néfaste : inutile si elle est inefficace, néfaste si, en éliminant certains vices du système, et en lui assurant un meilleur fonctionnement, elle contribue à différer le moment où il s'effondrera sous le poids de ses contradictions internes. Selon cette rhétorique, il faut d'abord abattre l'ennemi.

Pour la plupart de ses adeptes « gauchistes » plus ou moins ultras, le discours s'arrête à cette pure hardiesse verbale et ils seraient bien en peine d'esquisser quelque reconstruction que ce soit au-delà du système qu'ils prétendent abattre. Il leur suffit de s'opposer à toute proposition concrète au nom d'une sorte de « pureté » idéologique et de voter régulièrement – sans état d'âme – dans les Assemblées où ils sont parfois représentés, avec les adversaires qu'ils prétendent combattre. Au mois de janvier 2000, au Parlement européen, on a vu ainsi des députés d'extrême gauche refuser de voter pour une résolution visant à demander à l'Union européenne d'étudier la faisabilité d'une taxe sur les flux de capitaux spéculatifs (taxe Tobin). « On n'est pas là pour améliorer le capitalisme », déclaraient-ils à cette occasion. Ainsi refuse-t-on, sous prétexte de « ne pas jouer le jeu du système », toute amélioration sociale qui pourrait adoucir le sort des plus défavorisés. Il faut – pour le bien commun – savoir attendre et souffrir... surtout lorsqu'il s'agit de la souffrance des autres. Sont-ils les bouffons du roi qui, en dernier ressort, contribuent à consolider le pouvoir établi, dont au demeurant ils s'accommodent fort bien ? Gèrent-ils simplement leur fond de commerce politique ? Sont-ils les diviseurs conscients des causes qu'ils prétendent défendre ? Comprenne qui pourra...

D'autres vont plus loin et proposent de mettre en place des systèmes parfaits... tout droit sortis de leurs cerveaux fiévreux qui ne semblent pas avoir très bien compris les enseignements d'un passé encore palpitant. On peut accélérer le cours de l'histoire, mais on ne le violente pas, Marx ne disait pas autre chose. Quels que soient ses vices, un système – fondé sur le droit – représente toujours un compromis social provisoire dans une évolution historique qui le transformera. En faire table rase, c'est rompre l'équilibre. Plus rien alors ne peut tenir la société si ce n'est la contrainte. Et ce n'est pas pour rien si, dans tous les pays – sans exception – où l'on a prétendu mettre en place quelque système achevé, dans sa perfection de « prêt à porter », on a débouché sur l'oppression et la dictature, généralement assorties du culte de la personnalité : les Staline, Pol Pot, Ceaucescu et autres tyrans de tous acabits en témoignent abondamment, qui ont substitué aux idéaux révolutionnaires et de bonheur universel de leurs prétendus inspirateurs marxistes le règne sanguinaire du parti unique. Ne parlons pas de l'Allemagne dite « nationale-socialiste » qui n'a en rien changé les bases capitalistes sinon impérialistes du pouvoir économique. L'inefficacité de ces régimes ne pouvait que se révéler à long terme et causer leur décomposition. Hitler voulait changer le monde « pour mille ans ». L'URSS, après Staline, est retombée dans le capitalisme par sa forme la plus mafieuse. Que représentent au regard de l'histoire les quelques décennies pendant lesquelles on avait cru pouvoir – au prix du sacrifice d'une génération – établir un ordre nouveau ?

Le réformisme timoré

Les partisans d'un réformisme timoré se reconnaissent souvent dans une forme de « social-libéralisme » qui ne transforme rien parce qu'il s'arrête au seuil même des pouvoirs qu'il faudrait remettre en cause. C'est celui que l'on a vu en œuvre dans la l'Union européenne où, bien qu'il y eut, ces dernières années, jusqu'à onze gouvernements dits « de gauche » sur quinze pays membres, rien de fondamental n'a été entrepris : le « réalisme » des politiques de Tony Blair, consistant à suivre l'air du temps, au nom d'on ne sait quelle modernité, a fait école. La France elle-même, bien qu'elle s'en soit distinguée – et malgré des mesures authentiquement sociales comme la couverture maladie universelle (CMU) ou la réduction des temps de travail n'a rien fait de décisif qui aille – à son échelle – dans le sens d'une reprise en main des pouvoirs économiques établis. C'est sur l'exception culturelle ou les subventions à l'agriculture (et dans le sens du maintien de ces dernières) que l'on s'est opposé aux États-Unis, non sur le contrôle et la reprise en main des mouvements de capitaux aux frontières de la zone européenne.

Réformisme timoré et bien trouble encore que celui qu'exprimaient, certains participants du Forum de Davos, après le premier Forum social mondial de Porto Alegre qui s'était tenu fin janvier 2001 : ces dirigeants semblaient tirer les leçons de ce rassemblement inédit en souhaitant simplement un peu plus de générosité – sous la forme caritative évidemment - envers les pays pauvres, des codes d'éthique et beaucoup de palabres, car il est bien connu que l'on ne commet jamais d'autre péché que celui de n'avoir pas su faire comprendre ses bonnes intentions... Autant de mesures qui, en un mot, dépendent du bon vouloir des acteurs dominants et ont essentiellement pour objectif de devancer toute tentative de toucher vraiment à leur pouvoir. Nous avons vu également comment les premières mesures adoptées dans les jours suivant l'attentat de Manhattan, s'arrêtaient au seuil même des mécanismes – et des pouvoirs – qu'il aurait fallu remettre en cause...

Dans cette ligne, combien est significative l'insuffisance des propositions suscitées par la crise économique et boursière dans le déclenchement de laquelle la tragédie du 11 septembre, sans en être la cause, a joué un rôle non négligeable. Voici, à cette occasion, que le responsable le plus universellement connu d'une grande institution financière, Monsieur Alan Greespan, président de la Réserve fédérale semble subitement découvrir ce que de plus modestes individus, non spécialisés en ces matières ne cessent de clamer depuis des années :

> « Les actionnaires, déclare-t-il devant la Commission bancaire du Sénat américain, le 16 juillet 2002, se comportent maintenant de façon générale, dans une pure logique de placements, pas de propriétaires des sociétés ».

Quelle conclusion en tire-t-il ? Faut-il remettre en cause le rôle excessif de la finance dans les économies modernes ? Non : « Si nous réglons le problème des Pdg les autres problèmes disparaîtront. » Il suffit de sanctionner ceux qui ne rendent pas compte vigoureusement de leur stratégie d'entreprise et de sa situation comptable pour que tout soit réglé. Et l'on se garde bien de soulever la véritable question qui est celle du pouvoir financier.

Même constat concernant les « huit pistes pour réformer le capitalisme » que le journal *Le Monde*[1] tire de l'interrogation de treize personnalités éminentes : améliorer le gouvernement d'entreprise en veillant à ce que les Conseils d'Administration soient composés d'administrateurs réellement indépendants des activités qu'ils supervisent (et non en remettant en cause le rôle des fonds de pension) ; unifier internationalement les normes sociales comptables ; maîtriser l'effet des stock options (mais non en remettre en cause le principe) ; réformer la profession d'analyste (dont les experts sont appelés à porter des avis sur les organismes qui les financent) ou la professsion d'audit pour éviter que la Bourse ne favorise abusivement le court terme dans la politique des entreprises; remettre en cause le fameux ratio de 15 % de rentabilité de fonds propres; réduire l'importance des agences de notation; renforcer le rôle des autorités boursières de régulation et de contrôle : en France, le ministre des Finances annonce la création d'une Autorité des marchés financiers (AMF) qui réunira la COB et le Conseil des marchés financiers (CMF), aux États-Unis on prévoit d'importantes rallonges budgétaires pour renforcer le rôle de la SEC ; à quoi la fédération internationale des experts-comptables (IFAC) ajoute la composition d'un groupe de travail pour « restaurer la confiance sur les marchés. »

Autant de mesures – parfois bonnes en elles-mêmes – visant à assurer un meilleur fonctionnement du système – ce qui n'est pas blâmable en soi – tout en se gardant bien de toucher à sa logique, donc à sa perversion. Gérer le système, en somme, sans toucher à son esprit.

Ce réformisme n'est que leurre, illusion et adaptation du système aux circonstances de chaque époque. Il ne modifie ni le terrain sur lequel évolue le terrorisme ni le terreau qui le fait prospérer : ce n'est donc pas lui qui pourra y mettre fin. Il n'a rien à voir avec la position que nous voudrions soutenir ici.

Le réformisme radical

Nous proposons en effet d'opter pour un « réformisme radical » : l'expression est d'André Gorz, et il a une tout autre ambition. Il s'appuie sur le principe simple que l'important, au-delà des mots, est de transformer la logique du système et qu'on ne peut transformer celle-ci qu'en changeant – « à la racine » – la nature des pouvoirs qui le régissent. Rien de profond, rien de durable ne peut être fait sans cela dans le sens d'une mondialisation à finalité humaine. Mais sa mise en œuvre suppose d'abord de saisir pourquoi la régulation

politique et étatique des mécanismes économiques de l'é-
poque fordiste (celle du keynésianisme) est structurellement
dépassée par celle de la globalisation financière. La dérégulation économique qu'a introduite cette dernière ne peut
plus en effet être maîtrisée par les seuls États et relève d'une
internationalisation de la politique.

Quand, dans les sociétés industrielles occidentales, à
l'époque fordiste des Trente glorieuses, l'État détient le pouvoir, il peut, par la loi, contrôler les mouvements de marchandises ou de capitaux à travers les frontières et éviter les
déséquilibres résultant de leurs entrées et sorties brutales ; il
est en mesure, comme en France au lendemain de la Seconde
Guerre mondiale, de maîtriser par la planification, le développement des activités essentielles – à l'époque : énergie,
transports, sidérurgie... – qui conditionnent le destin de la
nation. Dans ce cadre étatique où l'intérêt général est déterminé par une instance politique démocratique, l'appareil productif est conditionné dans une bonne mesure par le dialogue
entre les entrepreneurs et les représentants des travailleurs.

Nous avons vu qu'il n'en est plus ainsi quand, à la suite
de la politique de libéralisation des mouvements de capitaux
des années 1980, le pouvoir se déplace vers la sphère internationale des intérêts financiers privés. Dès lors que le capitalisme devient « actionnarial » *la politique du dividende*
s'impose. Et c'est bien à l'échelle de la planète que la puissance politique doit s'assurer le contrôle du pouvoir financier
pour le restituer au citoyen. Ce processus implique nécessairement la coopération des États. En permettant l'internationalisation de la finance, Reagan et Thatcher savaient sans doute
ce qu'ils faisaient : ils la mettaient hors d'atteinte du pouvoir
de régulation des États ; ils assuraient la prééminence des intérêts financiers privés sur les intérêts généraux que le pouvoir
politique est censé représenter. C'est en s'associant pour porter la puissance de contrôle au niveau des forces à contrôler
qu'on peut mettre fin à cette situation.

Redonner donc aux États ou à des ensembles territoriaux comme l'Union européenne la capacité de maîtriser les mouvements de capitaux pour en réguler la circulation à travers leurs frontières, rétablir la suprématie de la finalité humaine sur l'économique et la finance qu'il faut remettre à leur niveau d'instruments, cela suppose que la loi marchande soit partout subordonnée au respect des normes sociales et environnementales sans lesquelles l'économie ne peut que détruire le milieu naturel qui porte les sociétés humaines et qui la porte elle-même, c'est-à-dire détruire sa finalité et s'autodétruire.

A ceux qui prétendent que cela est impossible et relève désormais de l'utopie, on peut opposer plusieurs arguments. D'abord, si chaque gouvernement constate son impuissance à réguler seul ces forces marchandes, il est cependant de son pouvoir d'intervenir auprès des autres États – ou des institutions internationales – pour tenter de les convaincre : chacune des puissances associées à l'échelle européenne (et notamment les plus importantes) a la possibilité de se faire entendre des autres. Or, l'Europe atteint le niveau significatif – représente le *quantum d'action* – à partir duquel des décisions efficaces pour la régulation du monde peuvent être prises.

On invoque souvent, pour affirmer l'inefficacité des mesures autres que mondiales, la fuite des capitaux ; ces derniers iraient-ils jusqu'à s'interdire le territoire européen – l'une des zones d'investissement les plus fructueuses et les plus sûres du monde – pour quelques mesures de contrôle ou quelques points de taxation qui leur disconviendraient ? Cela reste vrai, d'ailleurs, à l'échelle de « petites »nations comme le Chili ou la Malaisie qui ont pu récemment mettre en place des mesures de contrôle des capitaux sans provoquer la fuite annoncée de ces derniers.

Quant à l'action sur les institutions internationales, il ne faut pas oublier qu'elles sont constituées de représentants désignés par les gouvernements nationaux. Il appartient donc à ces derniers de donner à leurs délégués des consignes claires et d'exiger qu'ils rendent compte de leur application. Par ce biais, les institutions internationales se trouvent à portée de contrôle des citoyens... ou des mouvements citoyens qui entendent leur demander des comptes.

Enfin, la façon dont la communauté mondiale a su réagir pour neutraliser les filières de financement du terrorisme international, prouve bien que la coopération relève de la volonté politique et non de l'impossiblité pure et simple. L'opposition des seuls États-Unis, souvent invoquée, ne manquera pas bientôt de montrer ses limites. Lorsqu'ils se trouveront seuls en face de la volonté du reste du monde, il faudra bien qu'ils se rendent compte de l'existence des autres. De ce point de vue, Monsieur Bush – en renforçant l'unilatéralisme américain – est peut-être en train d'intensifier les réactions à son encontre et de rendre, bien involontairement, un grand service à l'humanité...

Reprendre le pouvoir donc, mais pour quoi faire ?

CHAPITRE VII

Modifier la logique du système pour transformer le terrain où s'épanouit le terrorisme

ON NE SAURAIT MIEUX POSER LE PROBLÈME que ne le faisait Mary Robinson, alors haut Commissaire des Nations unies aux droits de l'homme. Répondant à l'interrogation selon laquelle le 11 septembre « marquerait la fin de l'ère des droits de l'homme »[1] elle déclarait – tout en soulignant le caractère de « crime contre l'humanité » de l'attentat de Manhattan – que « notre responsabilité est, plus que jamais de faire respecter les normes internationales » en ce domaine. Malheureusement, constate-t-elle, avec le déclenchement de la guerre au terrorisme... un autre langage semble s'être imposé, mettant l'accent sur « l'ordre et la sécurité » et réduisant l'espace démocratique, les droits de l'homme. Ainsi, dit-elle, « des activités des plus pacifiques ont été considérées comme terroristes dans certains pays » et des libertés individuelles comme le droit à un procès équitable remises en question. « La sécurité de l'être humain, rappelle-t-elle au nom des Nations unies, n'est pas une question d'arme, c'est une question de vie et de dignité » qui passe « par l'économie, la nourriture, la santé, l'environnement, la sécurité politique... » « Le combat contre la terreur, ajoute-t-elle, doit être aussi une guerre menée contre le dénuement, la discrimination et le désespoir. »

La tache est immense et il faut, après en avoir défini les grandes lignes, s'attacher à préciser les urgences : que faire ? Par où commencer ?

Quelles politiques ?

Ce n'est pas ici le lieu de reprendre des thèmes qui ont été abondamment développés dans d'autres ouvrages plus généraux – de critique propositionnelle – consacrés au système économique qui nous gouverne[2] et auquel on pourra se reporter. Rappelons-en simplement les grandes lignes.

D'abord se pose la question de la gouvernance mondiale face à l'impuissance de l'ONU, et à l'instrumentalisation des institutions financières internationales.

Le problème que nous abordons est apparu dans toute son acuité dans le rapport de synthèse du Conseil d'analyse économique du gouvernement français de Lionel Jospin intitulé « Gouvernance mondiale »[3]. On peut en effet y lire dans l'avant-propos concernant les conséquences décisives du 11 septembre :

> « Les attentats ont certainement changé les perspectives politiques sur le pilotage de la mondialisation économique [...] Il a semblé, l'espace d'une décennie, que l'organisation des relations économiques et financières internationales pouvait être pensée indépendamment de toute réflexion sur les enjeux politiques de la mondialisation. Cette utopie est très probablement morte le 11 septembre. La problématique de la gouvernance mondiale va devoir intégrer [...] une réflexion sur les conditions d'une soutenabilité politique de la mondialisation ».

Alors, le 11 septembre comme « facteur de progrès dans la gouvernance mondiale ? » Il faut certainement l'espérer et y œuvrer, soutiennent la plupart des auteurs du rapport. Mais comment ?

En particulier, l'après-11 septembre aurait-il signé l'arrêt de mort d'une ONU dont l'impuissance est patente quand elle se soumet par exemple aux injonctions du gouvernement israélien d'Ariel Sharon qui lui interdit d'enquêter sur les actions de *Tsahal* à Jénine ? N'est-elle pas supplantée de fait par des institutions financières comme l'OMC ou le FMI, ayant elles-mêmes tourné le dos à leurs missions originelles ? Alain Joxe estime ainsi que le discours sur l'état de l'Union de Bush en janvier 2002 « proclamant l'avènement d'un Empire universel ne pouvant accepter de règles supérieures à lui-même, signe l'acte de décès de l'ONU[4] ». Certes, chacun s'accorde sur l'urgente nécessité d'une profonde réforme de cette institution, de plus en plus paralysée par la mauvaise volonté des nations, comme par les vetos d'un Conseil de sécurité d'un autre temps. Mais la volonté première des mouvements civiques est d'abord de rétablir les véritables finalités des grandes institutions financières internationales (IFI) qui échappent au contrôle des Nations unies et font l'objet d'un rejet grandissant.

Quel contenu donner à l'action de cette nouvelle gouvernance mondiale que beaucoup appellent de leurs vœux ?

Le rapport du Conseil d'analyse économique du gouvernement français reconnaît « une profonde crise de légitimité » de la gouvernance actuelle, tant dans ses objectifs que dans leur mise en œuvre ; ces handicaps résultent des multiples différends internationaux et surtout de la non-prise en compte des nouvelles préoccupations citoyennes (en particulier, celles portant, nous y reviendrons, sur les « biens globaux »). Il faut encore, ajoute ce rapport, « refonder une vision de la mondialisation associant les sociétés civiles et restaurer la légitimité de l'approche multilatérale. Ainsi « un volet normatif » supposerait la création d'institutions multilatérales complémentaires en vue d'assurer « *l'état de droit économique international* » ; un volet de la gouvernance politique viserait à la redéfinition d'une stratégie « *d'intégration, tenant compte de leur droit de subsidiarité, des pays en développement* » ; enfin un volet, relatif à la légitimité de ces institutions, prendrait en compte dans leur hétérogénéité, « *les revendications démocratiques des sociétés civiles* ». Des objectifs que ce rapport juge parfaitement envisageables pour la France et pour l'Europe.

Comment donc réaliser cela ?

Remettre, comme nous l'avons dit plus haut, la finalité humaine au cœur de la décision et la finance à sa place d'instrument, cela signifie d'abord qu'il faut redonner un vrai sens à l'activité des hommes. Il n'y a pas d'une part *la* rationalité qui serait celle de la marchandise et de l'argent et, d'autre part, la simple générosité « bien respectable » certes, mais combien irresponsable et irrationnelle qui serait celle de l'humain. Proclamons fortement l'existence d'une rationalité économique qui, pour reposer sur des fondements différents n'en donne pas moins lieu à des critères de décisions aussi rigoureux que ceux fondés sur une simple « logique des choses mortes ».

– Au niveau de l'entreprise : assurer la participation effective et non point seulement symbolique des travailleurs au pouvoir de décision et notamment aux conseils d'administration, poser la question du contrôle des citoyens sur les activités les concernant directement (pollutions de voisinage ou risques environementaux comme on a pu le vérifier lors de l'explosion de l'usine AZF de Toulouse en novembre 2001).

– Au niveau des nations : cesser de subordonner l'emploi aux exigences de la maximisation des revenus financiers (licenciements de « convenance boursière »), faire de la relève de l'homme par la machine l'instrument d'une libération (réduction des temps de travail qui a toujours été, dans le long terme, le facteur décisif d'augmentation du nombre de travailleurs occupés alors même que le volume total annuel

des heures travaillées dans la nation ne cessait de décroître) ;
repenser les mécanismes de la répartition dans une optique
de justice distributive (en étudiant la mise en place d'un
revenu de citoyenneté, par exemple).

– Au niveau international : subordonner la loi marchande
au respect des normes sociales et environnementales définies
par les grandes conventions ou organisations mondiales (Rio,
Kyoto, Bureau international du travail, etc.), contrôler les
mouvements des capitaux dans le monde, s'opposer aux
dérives spéculatives qui se déploient au détriment de l'économie réelle, annuler la dette des pays en retard de développement, mettre fin aux plans d'ajustement structurels (PAS),
lutter effectivement – par des actes et non des mots – contre
l'argent sale et les paradis fiscaux. Donner aux pays pauvres
du Sud toute la place qui leur revient dans les institutions internationales : cela de façon réelle et non pas symbolique comme
on a voulu le faire à l'OMC, en leur permettant notamment
d'accéder aux capacités d'expertise qui leur échappent encore
aujourd'hui.

Remettre l'humain au cœur de l'économique c'est, comme
nous l'avons dit, porter le pouvoir politique au niveau des
forces qu'il doit contrôler. Cela débouche sur le renforcement
de la coopération internationale, la refonte des institutions
actuelles (qui se comportent trop souvent en instruments des
intérêts qu'elles ont théoriquement pour mission de réguler)
et la mise en chantier de nouvelles institutions internationales plus représentatives de l'ensemble des forces économiques,
sociales et citoyennes des sociétés mondiales. Les institutions internationales actuelles – FMI, Banque mondiale,
OMC – réduisent, la plupart du temps, leurs perspectives à
la seule logique spécifique et partielle des intérêts financiers
ou commerciaux qui les constituent. La cacophonie et les aber-
rations qui en résultent, appellent un chef d'orchestre capa-
ble d'harmoniser l'ensemble au nom des valeurs humaines :
on pense à un Conseil économique et social doté du pouvoir

judiciaire tel que le préconise Jacques Delors ou une Organisation mondiale du développement social (OMDS) – telle que l'envisage Ricardo Petrella – appelée à passer avec les nations un certain nombre de « contrats ». Ceux-ci légaliseraient la préservation, en cours d'élaboration, des « *biens communs de l'humanité* ». Il s'agit, on le sait, des biens fondamentaux : autant physiques (eau, air – non pollués – santé) que sociaux (revenu d'existence), culturels (savoir, formation) ou moraux (justice), dont la garantie de l'accès à tous peut constituer un des leviers des plus efficaces de remise en question du totalitarisme marchand. Ces contrats touchant aux domaines les plus essentiels de l'avenir de l'humanité pourraient se concrétiser, pour ce qui concerne le développement durable, par la prise en compte et la mise en œuvre effective des dispositions de l'Agenda 21, élaboré à Rio au cours du Sommet de la Terre de 1992 et peut-être demain des recommandations du Sommet de Johannesburg de 2002.

L'Europe, nous l'avons dit, constitue un espace au sein duquel pourraient se déployer efficacement de nombreuses initiatives que l'on disait irréalisables au plan national. A condition évidemment de renforcer l'Union politique avant de l'étendre à l'Europe de l'Est si l'on ne veut pas en faire une zone de libre échange interne appelée à se diluer dans une zone plus vaste, exposée au libre jeu du marché à l'échelle mondiale.

Au niveau national, mettre en place une pluralité de structures (« économie plurielle ») conciliant le libre jeu des intérêts individuels avec la suprématie d'un intérêt général sur lequel se fonde l'existence d'un secteur public et d'un secteur de l'économie sociale et solidaire, l'un et l'autre irréductibles aux seules lois de l'économie marchande.

A tous les niveaux, renforcer les coopérations sans éloigner le pouvoir des citoyens et sans aboutir à des lourdeurs paralysantes ; déconcentrer les décisions sans diluer les solidarités lentement forgées au cours de l'Histoire ; la réalisation de ces objectifs suppose une réflexion approfondie sur le principe dit de « subsidiarité », excellent dans ses intentions mais mal analysé et encore plus mal mis en application. Clarifier la mise en œuvre de ce principe implique de définir les niveaux d'organisation pertinents, de répartir le pouvoir de décision en fonction du niveau où celle-ci déploie ses conséquences – ou comme on le dit simplement, le placer au niveau le plus bas possible. Cette redéfinition du principe de subsidiarité ne peut se faire selon les lois du marchandage ou des pouvoirs de négociation respectifs des intérêts concernés. Cela concerne l'organisation des pouvoirs à l'intérieur des nations comme leur répartition à l'échelle mondiale.

Quelles forces mettre en œuvre pour cela ? D'abord la loi, dans la mesure où les États nationaux possèdent encore d'importants pouvoirs. Ensuite, la concertation des politiques à l'échelle internationale. Enfin, le réveil à l'échelle mondiale des peuples et des mouvements citoyens qui, de la mise en échec de l'AMI et de Seattle à Porto Alegre s'effectue à une vitesse étonnante. On voit apparaître ici une nouvelle forme de démocratie directe qu'il faudra savoir entendre et articuler avec les formes traditionnelles de la démocratie représentative si l'on ne veut pas courir le risque de la voir s'opposer un jour à cette dernière. Ce n'est pas en se dissimulant derrière les murs de Davos, de Québec, de Gênes, et d'ailleurs ou en s'enfonçant la tête – comme l'autruche – dans les sables du Quatar que l'on règlera le problème.

Tâche immense et de très long terme qui serait de nature à décourager s'il n'était un certain nombre de mesures d'urgence en nombre limité capables de transformer rapidement les données des problèmes qui nous concernent ici.

Quelles urgences ?

Par où commencer ?

Il s'agit, en première priorité, de combattre la misère mondiale par des moyens dont les effets se feront rapidement sentir :

1. Il faut d'abord desserrer le nœud qui étrangle les nations les plus pauvres, par l'annulation de la dette et la confiscation des avoirs des dirigeants « kleptocrates » qui l'ont détournée à leur profit.

Dans le cas des pays pauvres, le montant de ces sommes atteint paradoxalement des sommets et les détournements prennent ainsi des proportions gigantesques par rapport à la richesse du pays. On peut ainsi rappeler les avoirs du président zaïrois Mobutu qui s'élevaient à huit milliards de dollars ou ceux du dictateur militaire nigérian Sani Abacha, mort en 1998, qui disposait en Suisse de plus d'un milliard de francs suisses répartis sur cent quarante comptes dans dix-neuf banques différentes, alors que plus de la moitié de la population nigériane vivait – et vit toujours – avec moins d'un dollar par jour. C'est bel et bien la complicité des Occidentaux qui rend possible de tels abus. Ce sont eux qui continuent à accueillir sans contrôle ces fonds dans leurs établissements bancaires et à ménager ces dirigeants. Le gel de ces avoirs bancaires peut être décidé par les États et imposé aux banques, légalement tenues par ailleurs de signaler aux autorités les comptes qui leur paraissent suspects. L'adoption et la mise en œuvre de cette mesure n'est qu'une question de volonté politique. D'ailleurs, le gel des avoirs des personnes et organisations soupçonnés d'avoir participé aux attentats du 11 septembre 2001 n'a semble-t-il posé aucun problème. Pourquoi n'en serait-il pas de même dans ce cas ?

La solidarité avec les peuples de ces nations passe aussi par la suppression des Plans d'ajustement structurel obligeant les pays qui les subissent à sacrifier les bases réelles de leur développement à de purs équilibres budgétaires de court terme. Pour mesurer les effets de telles mesures, rappelons les étapes édifiantes du processus qui a conduit à l'étranglement financier de ces pays par l'accroissement de leur endettement.

Cette dette, à la fin des années 1970 était encore inférieure à 150 milliards de dollars et son remboursement à terme ne posait pas de gros problèmes. Les pays riches portent une part majeure de responsabilité dans son accroissement. Désireux de replacer leurs eurodollars puis leurs pétrodollars, ils ont incité les pays pauvres à emprunter en leur offrant des taux d'intérêt extrêmement faibles. Ces taux multipliaient les occasions d'investissement rentables : pendant les années 1970, en effet, les pays sous-développés, avec une croissance annuelle moyenne de 5,7 % contre 3,8 % pour les pays riches ont commencé à combler leur retard. Mais en 1979, la Banque fédérale des États-Unis, afin de conjurer les risques d'inflation qui menaçaient l'économie américaine, a opéré une hausse drastique de ses taux d'intérêt, sur lesquels – hélas ! – étaient indexés ceux des emprunts des pays pauvres. La charge est ainsi devenue insupportable pour ces derniers. Ce fut ce que l'on appela la « crise de la dette ». En 1982, le FMI et la Banque mondiale imaginaient d'autoriser ces pays à contracter de nouveaux emprunts afin de pouvoir honorer les remboursements des anciens, sous la condition qu'ils mettent en œuvre des programmes de rigueur budgétaire qualifiés de Plans d'ajustement structurels. Il s'agissait pour les « bénéficiaires » d'opérer des réductions de dépenses leur permettant de dégager les excédents budgétaires grâce auxquels ils se mettraient en mesure de rembourser leurs emprunts. Une vision purement financière et comptable des choses était donc mise en place sans qu'il soit tenu compte des réalités économiques et sociales des pays pauvres emprunteurs.

Nous l'avons déjà expliqué : quel sens y a-t-il à réclamer l'équilibre budgétaire d'un pays qui de toute façon n'a pas encore mis en place les infrastructures nécessaires à son développement ? Car les pays pauvres et endettés ne peuvent s'en sortir et devenir réellement indépendants que s'ils ont d'abord les moyens d'investir dans ces infrastructures. C'est ainsi – et grâce notamment à l'intervention de l'État – qu'ont opéré dans le passé tous les pays aujourd'hui développés et c'est aussi comme cela que les pays qualifiés aujourd'hui d'« émergents »

– la Corée du Sud, Taïwan, la Chine, l'Inde... – ont commencé. En un mot, on sacrifie l'essentiel – le développement des nations qui ont pris du retard – aux intérêts à court terme des institutions financières. Ce système pervers a des eu des résultats qui ne se sont pas fait attendre. La dette des pays pauvres, bien que remboursée au moins quatre fois par rapport à son montant de 1982, a été multipliée par quatre et elle s'élève aujourd'hui à plus de 2 400 milliards de dollars. Pour un dollar emprunté en 1980, les pays du Sud en ont déjà remboursé sept et demi et en doivent encore quatre. Sous prétexte d'aider ces pays, on ne réussit qu'à les étrangler. Le flux annuel des intérêts et remboursements allant des pays pauvres aux pays riches s'élève à 350 milliards de dollars, alors que l'aide publique internationale des seconds aux premiers ne représente que 50 milliards de dollars. Paradoxe de notre temps ce sont les pauvres qui financent le développement des riches.

C'est à cette opération de strangulation qu'il faut mettre fin. La solution la plus évidente est tout simplement d'annuler la dette des pays pauvres, soit totalement, soit partiellement. Dans ce dernier cas, le service de la dette subsistante (remboursement et intérêts annuels), au lieu de s'orienter vers les pays riches, devrait être consacrée – en même temps que d'autres ressources – à l'approvisionnement d'un *Fonds mondial de développement* en faveur des nations les plus défavorisées. Celles-ci pourraient désormais faire tendre leurs efforts vers des objectifs ayant un sens pour elles sans être assujetties aux exigences absurdes et sévèrement « paternalistes » des comptables des grandes institutions financières.

2. Tout en dénouant le nœud de la dette, il faut apporter de l'oxygène aux pays pauvres en voie d'asphyxie. L'aide publique internationale doit donc être renforcée. En même temps, il est évident que ces pays ne peuvent pas immédiatement supporter la pression concurrentielle dont ils sont l'objet. Il convient donc de réduire cette pression et de proclamer

sérieusement le droit des peuples à satisfaire par eux-mêmes leurs besoins fondamentaux.

La baisse de l'aide publique au développement allouée par les pays riches a été compensée par une très forte hausse de l'investissement privé. Cette substitution n'est pas neutre. Seule l'aide publique est en mesure d'assumer les investissements de base à rendement différé dont nous avons dit qu'ils étaient absolument nécessaires à ces pays. Les investisseurs privés, eux, n'ont pas le temps d'attendre. C'est la rentabilité à court terme qui les intéresse. C'est pourquoi l'investissement privé direct à l'étranger s'oriente prioritairement vers les régions riches du monde, essentiellement (à 80 %) vers la triade Amérique du Nord, Europe occidentale, Japon, et une dizaine de pays émergents, où l'on n'a pas à patienter des années pour que les infrastructures qui permettent la production de richesses soient mises en place et généralisées. Elles existent déjà. Les zones défavorisées, comme par exemple l'Afrique sub-saharienne, quand elles ne sont pas délaissées par les capitaux privés, ne voient souvent venir que des investisseurs qui n'ont aucune raison particulière de s'intéresser au développement à long terme du pays. On comprend dans ces conditions que les flux de capitaux tendent à accentuer les écarts entre pays pauvres et pays riches. Par ailleurs, affluant et refluant au gré des anticipations dont on sait à quel point elles peuvent être auto-réalisatrices, ces capitaux privés flottants se révèlent fortement déstabilisateurs de l'économie mondiale et notamment de ces zones qui comptent parmi les plus vulnérables. On en a vu, entre autres, les effets destructeurs lors de la crise qui a frappé l'Asie du Sud-Est en 1997-1998.

Il importe donc que, bien au-delà des timides engagements pris à la conférence internationale sur le financement du développement à Monterrey en mars 2002, les pays riches réaffirment leur volonté de consacrer au moins 0,7 % de leur PIB à l'aide aux pays les plus pauvres et surtout atteignent cet objectif dont on peut penser qu'aucun obstacle sérieux, à part le manque de volonté politique, n'empêche de le réaliser.

3. Une autre tâche majeure consiste à s'attaquer directement aux mécanismes du blanchiment de l'argent sale et non aux seules filières de financement du terrorisme, dont le développement n'est qu'une des conséquences. On sait très bien ce qu'il conviendrait de faire dans ce domaine, mais l'on s'en garde bien, les intérêts financiers en jeu refroidissant bien des ardeurs morales.

Aussi nous avons vu le rôle fondamental que jouent quelques chambres de compensation dans les opérations de blanchiment d'argent (rôle mis en évidence dans le livre de Ernest Backes et Denis Robert, *Révélation$*). Un contrôle international des opérations qui se déroulent au sein de ces institutions serait éminemment souhaitable et pourrait parfaitement être mis en place. Il n'y a aucun obstacle technique véritable qui rendrait ce contrôle impossible puisque le caractère virtuel des transactions, souvent invoqué, en faveur de cette impossibilité, implique au contraire, que chacune d'elles soit rigoureusement enregistrée et laisse des traces bien visibles.

Les paradis fiscaux, dont nous avons décrit les facilités qu'ils offraient à tous ceux qui cherchaient l'opacité des transactions financières, pourraient eux aussi être neutralisés. Les moyens ne manquent pas et l'on peut citer ici quelques propositions à mettre en œuvre, la liste n'étant pas exhaustive. En premier lieu, on ne saurait trop recommander de commencer par appliquer les lois anti-blanchiment déjà existantes. Cela ne résoudra certes pas le problème, mais contribuera au moins à mettre un peu de sable dans les rouages si bien huilés de l'industrie criminelle financière. L'arsenal législatif en vigueur est cependant bien insuffisant et l'on ne saurait s'en contenter. Les juges qui enquêtent sur des affaires de blanchiment d'argent ou plus généralement de délinquance financière internationale sont confrontés à des problèmes énormes dès qu'il s'agit, par exemple, de transmettre à l'étranger des demande de commission rogatoire. Les criminels profitent ainsi de la multiplicité des réglementations qui sont autant d'obstacles à la poursuite des enquêtes. La mise en place de véritables espaces judiciaires internationaux semble donc indispensable. Les magistrats signataires de l'Appel de Genève réclamaient déjà en octobre 1996 un espace judiciaire commun à l'échelle européenne qui leur permettrait « sans entraves autres que celles de l'État de droit, [de] rechercher et échanger les informations utiles aux enquêtes en cours ». Encore une fois, il ne tient qu'aux responsables politiques de tout faire pour mettre en œuvre et de mener à bien les procédures aboutissant à la naissance de tels espaces qui pourraient, à terme, fusionner, offrant ainsi aux forces du droit les mêmes chances qu'à celles du crime qu'elles doivent réprimer.

Pourquoi ne le fait-on pas ? Sans doute une bonne part de l'explication réside-t-elle dans les nombreuses intrications qui s'établissent entre les économies dites propres et sales. Le jugement de l'OMC, que nous avons déjà évoqué, rendu –à la demande de l'Union européenne – à l'encontre de certaines transnationales américaines en fournit une illustration.

Mais au-delà même de cette adaptation aux nouvelles formes de criminalité financière, on doit penser à des mesures simples qui attaqueraient en même temps le système des paradis bancaires et fiscaux de façon radicale.

On pourrait par exemple ne plus reconnaître l'existence juridique des sociétés qui y ont établi leur siège ou des conventions qui s'y concluent. Dans la mesure où ces territoires font de leurs propres lois des produits dont les caractéristiques doivent être définies par le marché – en clair des marchandises – il n'y a aucune raison d'avoir des scrupules à remettre en cause une soi-disant souveraineté largement fictive. Ce n'est ici – au risque de se répéter – qu'une question de volonté, celle de nos responsables politiques, mais aussi celle du citoyen auquel il revient de faire pression sur ces responsables qui détiennent le véritable pouvoir de décision, même s'ils refusent de l'utiliser.

CONCLUSION

RIEN NE SERA-T-IL PLUS JAMAIS COMME AVANT ? nous inter-rogions-nous au détour de cette réflexion. Le moment est venu d'oser une réponse.

Bien des choses ont changé ou sont en train de changer. – *Ce qui ne sera « jamais plus comme avant »*, c'est la croyance en l'invulnérabilité du territoire américain. Jamais, depuis leur second conflit avec l'Angleterre (1812-1815) les États-Unis n'avaient subi d'agression sur leur territoire natio-nal. De ce point de vue, l'attaque terroriste du 11 septembre constitue un événement considérable. La crainte de nou-veaux attentats est devenue une réalité. C'est, comme nous l'avons vu, tout de suite après Manhattan, la psychose de l'an-thrax et du bio-terrorisme qui s'est développée pendant plu-sieurs semaines. Si aujourd'hui, elle paraît s'être au moins provisoirement estompée, elle n'a pas totalement disparu. Puis est venue, en mai 2002, l'annonce gouvernementale d'un risque d'agression de nature indéterminée, sur les immeubles particuliers cette fois-ci. La fusillade de l'*Independance day*, l'attentat de Karachi tuant onze travailleurs français, montrent que la menace terroriste, disséminée dans le monde, reste présente et qu'elle peut toujours frapper, au moment le plus inattendu et sous les formes les plus imprévisibles, en quelque point de la planète y compris désormais aux États-Unis.

– *Ce qui est en train de changer* les données du jeu mondial c'est l'opposition croissante que l'unilatéralisme américain suscite sur la planète.

Ainsi, la doctrine de Washington est devenu, au fil des mois qui ont suivi le 11 septembre 2001, de plus en plus limpide. Elle touche des questions aussi statégiques que l'usage de l'arme nucléaire.

La question est même posée : les « docteurs Folamour » seraient-ils de retour au Pentagone ? Ainsi, le ministère de la Défense a-t-il proposé au président Bush, dans sa *Nuclear Posture Review*[1], la production et *l'utilisation* de mini-bombes atomiques contre les bunkers d'État qui auraient caché des armes de destruction massive (nucléaires, bactériologiques ou chimiques) comme l'Irak, la Syrie, la Libye, la Corée du Nord et, le cas échéant, la Chine ou la Russie. Aux yeux mêmes du *New York Times*, ce revirement complet de la doctrine nucléaire américaine (qui interdisait jusque-là tout premier recours contre un État non-nucléaire signataire du traité de non-prolifération) constituerait une « folie irresponsable ». Ne banalise-t-elle pas en effet l'usage et la prolifération des armes nucléaires, conçues jusqu'ici pour être dissuasives ? On a plutôt l'impression, selon les commentaires suscités par ce document, d'un État qui perd la raison et non d'une puissance consciente de ses responsabilités.

Affiché explicitement depuis le mois d'avril 2002, le projet d'invasion de l'Irak, de plus en plus clairement affirmé, provoque une opposition croissante dans le monde entier y compris aux États-Unis. Certains ne lui trouvent – avec quelque vraisemblance – d'autres véritables motivations que celle de détourner l'attention des électeurs des problèmes internes d'affairisme qui éclaboussent le Président et le Vice-Président américain.

On comprend que, par cette fuite guerrière en avant et par cette façon de ravaler les traités – notamment dans les domaines sensibles du nucléaire – à des chiffons de papier jetables à volonté au gré de ses intérêts, G.W. Bush ait largement dilapidé le capital de sympathie dont son pays bénéficiait après le 11 septembre. L'irritation s'exprime déjà vivement dans l'Europe des Quinze. Ainsi, Hubert Védrine, alors ministre français des Affaires étrangères[2], dénonçait la tendance américaine à « approcher les affaires du monde de façon unilatérale, sans consulter les autres, à partir de leurs interprétations et de leurs intérêts » « un nouveau simplisme, dit-il, qui est de ramener tous les problèmes du monde à la seule lutte contre le terrorisme ». A son tour, Chris Patten, commissaire européen pour les Relations extérieures, dans un entretien au *Guardian*[3], qualifie la diplomatie américaine d'« absolument simpliste » et Peter Hain, numéro deux du Foreign Office, déclare qu'« être un allié fidèle des États-Unis ne signifie pas être une bonne poire »[4]. La levée de boucliers européenne, ne fait que commencer.

En Amérique latine même, l'interventionnisme traditionnel des États-Unis contre certains régimes trop progressistes à leur goût, semble également se heurter à de nouveaux obstacles. Ainsi, au Vénézuela, à en juger par le retour spectaculaire au pouvoir du trop populaire Hugo Chavez, 48 heures après en avoir été chassé le 11 avril 2002. La complicité des États-Unis, par le biais de la CIA, avec les auteurs militaires et civils du coup d'État contre le Président vénézuelien ne fait guère de doute en Amérique latine. Il faut dire qu'Hugo Chavez avait commis l'imprudence, entre autres « erreurs », de dénoncer les bombardements américains en Afghanistan, les méthodes néolibérales et surtout, crime de lèse-majesté, de favoriser la renaissance de l'OPEP (organisation des pays exportateurs de pétrole) – avec à la clé le retour à la hausse de l'or noir. Le président vénézuélien avait donc tout pour être rangé dans le camp du Mal. Ironie du sort : c'est le 11 septembre 2001 précisément qu'une nouvelle « charte démocratique » prévoyant des mécanismes de défense des régimes constitutionnels avait été adoptée par les pays membres de l'OEA. Le document portait la signature de Colin Powell lui-même ! La politique du putsch n'est donc plus toujours payante.

– *Ce qui est moins net, c'est la réaction de l'économie*, dont on prévoyait que les attentats de Manhattan lui porteraient un coup très rude. Le coup fut rude effectivement, en particulier dans les secteurs des transports aériens et du tourisme.

Les multinationales, perturbées par l'apparition de nouveaux risques, s'interrogeaient sur la sécurisation de leurs établissement à l'étranger, mettaient en place des plans d'urgence, notamment au Moyen-Orient. La gestion des risques prenait de nouvelles dimensions : les assureurs résiliaient de nombreux contrats avec des grandes entreprises et refusaient de garantir les risques de guerre. Ces dernières se posaient des questions de comportement dans les territoires où elles sont implantées. Mais le capitalisme américain révèle d'étonnantes ressources.

Contrairement à toute attente, les achats des ménages continuaient globalement de progresser – notamment dans l'automobile et le logement – au rythme de 3 % sur l'ensemble de l'année. Si l'avant-dernier trimestre (juillet-septembre) de l'année 2001 était marqué par une baisse de 1,3 % du PIB, le dernier trimestre enregistrait, à la surprise générale, une hausse de 1,4 % en rythme annuel. La productivité du travail augmentait de 5,2 % en rythme annuel, de telle sorte que, sur l'ensemble de l'année, son accroissement s'établissait à

1,9 %. Dès le mois de janvier 2002, selon les statistiques de l'époque, le chômage recommençait à reculer et les salaires continuaient d'augmenter. Quoique prudent, le Président de la Réserve Fédérale, Alan Greenspan, pouvait affirmer, dès le 7 mars 2002 : « Les chiffres récents montrent que l'expansion a déjà repris ».

Parmi les raisons de cette résistance, il y a sans doute le fait que les onze baisses consécutives ramenant le loyer de l'argent au jour le jour de 6,5 % à 1,75 % taux le plus bas enregistré depuis quarante ans, ont fini par porter leurs fruits : relance par l'intérêt. L'excédent budgétaire de 255 milliards de dollars découlant de la politique mise en place par le Président Clinton, s'est transformé en déficit : relance keynésienne par le déficit budgétaire. Un plan de soutien à l'économie, de 51 milliards de dollars, était adopté le 8 mars 2002 par le Congrès et, contrairement aux intentions initiales, il s'étendait à la consommation en augmentant de 13 semaines les allocations perçues par les chômeurs en fin de droits : relance keynésienne encore, par la dépense publique.

Ces mesures sont complétées par le recours de plus en plus affirmé des États-Unis à des mesures protectionnistes dans certains secteurs comme l'acier où la hausse subite des tarifs douaniers sur les importations décidée en mars 2002 a provoqué un tollé dans les pays de l'Union Européenne. Le libre jeu du marché est un dogme devant lequel chaque nation est sommée de s'agenouiller dans les forums internationaux. Seul le gardien du dogme a le droit de déroger... au gré des ses propres intérêts.

A tous ces éléments conjoncturels expliquant la réactivité de l'économie américaine s'ajoutent semble-t-il deux raisons profondes que l'on pourrait qualifier de structurelles. L'une d'entre elles, sans aucun doute, extrêmement saine – en dépit des ratés qui caractérisent inévitablement toute révolution technologique – réside dans l'avance écrasante des États-Unis dans le domaine des technologies de l'information et de la communication. L'autre, plus contestable, n'est autre que le déficit extérieur annuel – de l'ordre de 400 milliards de dollars – par lequel les États-Unis peuvent concilier l'existence de dépenses de consommation et d'investissement simultanément élevées. Mais c'est au prix d'un pompage de l'épargne mondiale au détriment des autres nations.

Ces facteurs favorables sont en même temps des faiblesses. L'endettement des particuliers, qui soutient la consommation, atteint, cumulé à celui des entreprises, le niveau sans précédent de 105 % du revenu disponible; selon André Gorz, à supposer que le taux d'accroissement de l'endettement des ménages régresse de 4 % à 2,5 % par an, le service de la dette des particuliers absorberait 25 % de leur revenu disponible en 2004[5]. Peut-on imaginer que cela pourra continuer longtemps ainsi? L'investissement baisse régulièrement, en même temps que les profits des entreprises; or, reconnaît Alan Greenspan, « il n'y aura pas de reprise assurée sans redémarrage de l'investissement ».

On imagine mal qu'une économie, aussi importante soit-elle, puisse assurer sa croissance sur un dette extérieure qui croîtrait à l'infini. Face à elle se dresse une économie européenne de puissance comparable qui possède désormais une monnaie unique; pour aussi illusoire que cela puisse apparaître aujourd'hui, ne vient-il pas un moment où la valeur comparée des monnaies finit par refléter la situation réelle des économies?

L'affaire Enron est-elle un accident de parcours, ou constitue-t-elle une de ces secousses qui annoncent les véritables séismes? Certains remarquaient que sur les sept récessions qui se sont succédé depuis 1957 aux États-Unis, cinq mouvements de reprise ont été suivis d'une rechute et ils craignent, cette fois encore, ce qu'ils appellent un *double dip* (double plongeon).

Peu à peu, le basculement dans la crise se précise. Les attentats de Manhattan n'en sont pas plus *la cause* que les facteurs économiques ne sauraient être *la cause* du terrorisme. Mais ces attentats révèlent un certain nombre de contradictions qu'ils contribuent indirectement à renforcer et dont ils accélèrent la manifestation.

Dans un premier temps, la crise est boursière. Elle s'amorce avant Manhattan par le dégonflement brutal des valeurs technologiques – jusqu'alors hypertrophiées – du Nasdaq. Puis elle se propage sur les marchés des valeurs traditionnelles. De mars 2000 à juillet 2002, à Wall Street, l'indice SP500 des 500 plus grandes entreprises américaines chute de 50 %, et à peu près sur la même période, le CAC 40 à Paris comme l'indice Euro Stoxx des 50 premières valeurs européennes régressent de 30 %.

Mais tant que le phénomène ne s'étend pas à l'économie réelle, on ne peut pas vraiment parler d'une crise du système. Or, voici qu'en juillet 2002, les deux courroies de transmission de l'un à l'autre de ces domaines – la consommation et l'investissement – semblent se mettre en branle. « L'effet de richesse », c'est-à-dire l'appauvrissement des consommateurs lié à la dépréciation de leur patrimoine boursier se reflète dans leur comportement : l'indice de confiance des consommateurs, publié le 30 juillet 2002 par l'institut de conjoncture Conference Board marque une chute de 9 % en un seul mois et cette régression se traduit dans le volume des dépenses. Le risque d'une telle dégradation est moindre, dit-on en Europe, en France notamment où seulement 16 % de la population agée de plus de quinze ans détient des actions contre 50 % des ménages aux États-Unis. Mais qui peut imaginer une crise de l'économie américaine dont les conséquences ne se transmettraient pas au Vieux Continent ?

L'investissement aussi accuse le coup. La chute des valeurs boursières entraîne une difficulté des entreprises à trouver de l'argent sur le marché, donc à investir : « La confiance des gens dans les marchés d'action a été profondément ébranlée, il faudra des années pour qu'elle revienne », déclare Jeff Knight, responsable des investissements chez Putman Investments[6]. La découverte des fraudes comptables que nous avons évoquées plus haut produit désormais ses effets. Revenons un instant sur l'affaire Enron, qui fut la première à être découverte et mit, en quelque sorte, « le feu aux poudres ».

La comptabilité de la septième entreprise américaine par son chiffre d'affaires, se révèle en effet comme une gigantesque escroquerie couverte par son commissaire aux comptes : la non moins gigantesque société d'audit Arthur Andersen, alors leader mondial dans son secteur. Ainsi, durant ces dernières années, Enron a dissimulé une dette de 22 milliards de dollars. Tout un système avait été construit à cette fin : de multiples sociétés reprenaient les engagements d'Enron pour faire croire qu'ils étaient couverts. Trois mille sociétés avaient ainsi été créées par Enron, servant à emprunter de l'argent, à dissimuler des pertes et à échapper à l'impôt sur les sociétés : grâce à ces artifices, le groupe texan n'a pas payé cet impôt pendant quatre des cinq dernières années. C'est à cette fin que 881 de ces sociétés étaient nichées dans les paradis fiscaux, dont 693 dans les îles Caïman – belle illustration de la collusion entre économie « propre » et économie illégale que nous avons déjà analysée –. Au passage, les dirigeants de la multinationale n'hésitaient pas à se servir : entre autres, le PDG Kenneth Lay en faisait profiter sa famille. Au travers de ce scandale, c'est finalement toute la crédibilité du système qui est en cause : certaines réussites apparentes peuvent être fictives et le marché ne joue plus son rôle théorique de régulateur.

Corruption, tromperie, système déréglementé… ceux qui parlent de dysfonctionnement accidentel du système oublient précisément que ces errements font partie du fonctionnement « normal » de celui-ci. La « démocratie actionnariale » tant vantée par les néo-libéraux se trouve en fait minée de l'intérieur. Ainsi tous ceux qui savaient ou pouvaient savoir : la SEC (Security and Exchange Commission), le gendarme de la Bourse américaine, les analystes financiers, véritables gourous de la finance tels Mary Mecker et Morgan Stanley, les agences de notation comme Goldman Sach, Lehman Brothers, Salom Smith Barney..., les consultants qui orientent les choix des fonds de pension, les *money managers*, ces gestionnaires indépendants qui proposent des produits d'investissement, actuaires qui orientent les fonds de pension, la presse financière... aucun de ces éminents experts ne s'était aperçu des trucages comptables d'Enron, à moins que certains en aient été les complices. Le résultat de ces turpitudes est une véritable leçon de choses : alors que vingt-neuf dirigeants et administrateurs d'Enron pouvaient céder en 2001 pour plus plusieurs milliards de dollars d'actions, les 4 000 modestes employés n'en avaient pas le droit et ont vu fondre la valeur de leurs fonds de pension en même temps que celles des entreprises du groupe... pour finir au chômage. Bel exemple d'épargne salariale !

En fait, au-delà de la délinquance financière classique, le scandale Enron-Andersen illustre, après des années de spéculation, la dérive des règles de transparence et d'intégrité censées assurer la crédibilité du cœur des marchés financiers : Wall-Street. Ce sont en effet ces banques d'affaires – dont Merryl Lynch, première banque d'investissement américaine – et plusieurs autres, qui ont apporté des milliards de dollars à Enron hors de tout contrôle juridictionnel. De ce fait, dix-sept de ces analystes financiers se trouvent également compromis. Si la finance repose sur la confiance, c'est-à-dire la sincérité et la crédibilité de l'information, c'est dans ses conditions mêmes d'existence que le système est touché.

De fait, la faillite d'Enron n'a été que la révélation d'une succession de scandales financiers touchant des multinationales de même nature et d'ampleur comparable. Rappelons notamment le géant des télécommunications

WorldCom, le groupe d'imagerie Xerox, le conglomérat Tyco, le cablo-opérateur Adelphia et la liste n'a cessé de s'allonger provoquant une grave crise boursière.

Ces affaires ne seraient-elles que la partie émergée d'un iceberg concernant l'ensemble du capitalisme mondial ? Si aux États-Unis, depuis cinq ans, 730 sociétés cotées ont dû réviser soudainement en baisse leurs résultats publics, l'Europe elle-même ne semble pas s'être tenue à l'écart de telles pratiques. Sans parler des mystères de la gestion de Vivendi par son patron déchu, Jean-Marie Messier, objet en France d'une enquête de la Commission des opérations de Bourse, les règlements de compte se sont succédé entre PDG – ainsi à ABB, confronté à des pertes historiques, à Alcatel ou à l'Union des banques suisses (UBS). Leur enrichissement abusif a déjà suscité une loi obligeant la publication du montant des rémunérations, indemnités et stock-options. On pense aussi à l'uniformisation des normes comptables autour d'un seul système – européen ou américain – tant la multiplicité en la matière favorise l'opacité et les fraudes.

Dans la démocratie des lobbies, c'est tout le système politique qui est atteint. On connaît ainsi les importantes contributions d'Enron au financement des campagnes républicaines, notamment celle de George W. Bush : pour ce dernier le soutien de la firme pétrolière remonte à sa première campagne au poste de gouverneur du Texas en 1992. De nombreux proches de Bush ont entretenu des liens étroits avec la firme, ont détenu des montants importants d'actions de l'entreprise ou ont été rémunérés par elle comme c'est d'ailleurs aussi le cas pour plusieurs démocrates. La Maison Blanche a fait valoir, pour prouver que son indépendance n'en était pas atteinte, le refus opposé aux appels à l'aide des dirigeants d'Enron fin novembre et début décembre 2001. Pourtant les membres du gouvernement Bush avaient été alertés bien auparavant et avaient estimé ne pas avoir à intervenir. Il est vrai qu'aux États-Unis la contribution des entreprises aux comptes de campagne des élus est licite, ce qui a permis à Bush et les siens de prétendre ignorer les irrégularités des comptes d'Enron. En fait, au-delà du cas flagrant d'Enron, c'est l'ensemble du financement de la vie politique aux États-Unis par d'énormes lobbies ou groupes d'intérêts (tabac, pharmacie, armes, etc.), exigeant des avantages en retour, qui est posé. Par là même, c'est la validité de leur fameuse « démocratie de marché », fleuron des valeurs de l'Oncle Sam, qui est désormais mise en cause. Le fait que le ministre de la Justice John Ashcroft (qui aurait lui-même bénéficié autrefois, comme sénateur du Missouri, des largesses d'Enron) ait refusé de participer à l'enquête criminelle ouverte contre la firme, augure mal de sa suite. Mais ce sont aussi les décisions touchant la politique de l'énergie qui sont suspectées : les Démocrates, majoritaires au Sénat, mais aussi plusieurs élus républicains, continuent de s'interroger sur les conditions dans lesquelles a été préparé le projet de loi sur l'énergie soumis au Congrès. Il semble que, sur ce terrain, la Maison Blanche soit moins à l'aise car elle a opposé un véritable refus aux demandes d'information formulées dans l'instruction de cette affaire par « General Accounting Office » (Cour des Comptes américaine).

On voit pointer le cercle vicieux qui menace de faire basculer tout le système dans une crise de la plus extrême gravité : la chute des valeurs boursières incite les entreprises à des manœuvres frauduleuses dont la découverte déclenche, en retour, une crise de confiance qui se répercute sur les valeurs boursières dont le déclin affecte l'économie réelle via le comportement des consommateurs et des épargnants. Les indices publiés en juillet 2002 sur la santé de l'économie étatsunienne conduisent à réviser les perspectives, notamment de croissance, vers le bas.

La tragédie du 11 septembre comme nous l'avons dit, est moins en cause ici que l'essence même du système dont les contradictions apparaissent en pleine lumière. Mais elle a agi comme un catalyseur : en partie directement en aggravant le doute qui a accentué le mouvement de la Bourse, en affectant les transports (notamment aériens), les assurances et le tourisme ; en partie indirectement dans la mesure où c'est bien le déclin des performances des entreprises qui les a incitées à falsifier leurs comptes, ne serait-ce que pour soutenir la valeur des stock options qu'ils s'étaient généreusement attribuées. La cause est dans le système mais l'événement a bien agi comme un révélateur et un accélérateur.

Serait-ce la fin du capitalisme que Ben Laden prétendait vouloir abattre à travers les États-Unis ?

Observant que « le seul bienfait apporté à l'humanité par la globalisation de la finance et du militaire, est d'obliger à repenser les mécanismes de péréquation globale des richesses », Alain Joxe souligne que les contradictions aggravées du capitalisme actuel peuvent aussi se penser comme son véritable « stade suprême »… Ceci, du fait même de son chaos actuel et non de ses dérives d'hier.

S'interrogeant lui aussi sur l'avenir du capitalisme, un historien nullement marxiste, Michel Winock[7], constatant qu'au moment où il écrit, les Bourses sont en chute généralisée, remarque que

> « cet ensemble eût ravi Marx pour lequel la mission historique de la bourgeoisie était de réaliser la base matérielle du monde nouveau : le trafic mondial fondé sur l'interdépendance des peuples et les moyens de ce trafic ».

Ainsi, dit-il, « la globalisation, que Marx anticipait, était nécessaire à la réunion en un seul bloc des contradictions, d'où résulterait la lutte unifiée du prolétariat ».

La fin du capitalisme, un cas d'école est le titre d'un chapitre de l'ouvrage[8] d'Alain Joxe. Ce dernier montre, qu'à la différence du XIXe siècle, l'absence d'une direction politique

au système militaro-financier actuel conduit à des contradictions encore plus insolubles pour le capitalisme.

A son tour, l'économiste Michel Husson dans *Le Grand
Bluff capitaliste*[9], aboutit à des conclusions très proches des
nôtres. Il souligne que la contradiction fondamentale du
capitalisme est la même qu'hier entre des forces productives
et des rapports de production dominés par la propriété du
capital. Faisant allusion à la taxe Tobin, dont le produit est
censé aller au sous-développement ou encore à l'écotaxe des-
tinée à renflouer notre sécurité collective, il affirme que ces
problèmes, sociaux ou écologiques ne sauraient être réglés
par le seul argent privé mais par celui des politiques publiques.
Car il ne s'agit pas, selon lui, de moduler les formes de rentabilité existantes mais d'y substituer le critère (public) de la
satisfaction des droits et besoins sociaux. Il admet cependant
que l'objectif actuel ne peut être « l'appropriation des moyens
de production » mais la création d'un rapport de force global permettant la prise de décisions « engageant notre destin commun ». Ce n'est donc pas encore l'heure du » grand
soir », mais l'idée d'une citoyenneté ou d'une gouvernance
planétaires qui s'impose.

Car, tant qu'on ne se sera pas réapproprié les sources du
pouvoir, le système conservera l'extraordinaire capacité
d'adaptation qui lui permet à travers les crises les plus violentes – comme celles des années 1930 – de se transformer
pour mieux demeurer lui-même : hier successivement fami-
lial, managérial, actionnarial... Il ne manquera pas de revêtir demain d'autres formes pour conférer à quelques-uns le
pouvoir d'assujettir et d'exploiter le plus grand nombre.
C'est à cela qu'il faut mettre fin et, nous l'avons vu ce n'est
pas – après une brève hésitation – le chemin que l'on emprunte
au lendemain de Manhattan.

– *Rien n'a changé dans la logique du système, ou plutôt,
si quelque chose a changé, c'est dans le sens d'une aggrava-
tion.* La même logique continue de s'imposer et, avec elle ses

fruits naturels : ce sont, bien analysés, l'explosion d'une usine à haut risque, au sein d'une grande ville de France comme Toulouse, la catastrophe du tunnel du Saint-Gothard, entre Suisse et Italie ; le nouveau crash d'un avion, sur un quartier de New York, le 12 novembre 2001 ; les faillites d'Enron et de WorlCom, aux États-Unis, dont les conséquences en termes de perte d'emploi et de retraites justifient nos préventions envers l'épargne salariale et les fonds de pensions ; l'effondrement – sous l'effet des PAS – de l'Argentine hier encore promue meilleur élève de la classe par le FMI., la dégradation continue de l'environnement, rien de cela ne vient de l'extérieur, mais résulte d'une logique interne sacrifiant les dépenses de sécurité des personnes à la rentabilité des investissements et faisant primer la logique financière sur les finalités humaine de l'économie.

Le déploiement militaire prétendant, dans une « guerre sans limites » et de longue haleine, éradiquer le terrorisme commence à montrer précisément ses limites et sa vanité.

En réalité, aucune des conditions qui ont favorisé l'apparition et l'expansion du terrorisme international n'a été remise en question. Il reste donc, sans que rien ne nous y autorise pour l'instant, à espérer que la pression des réalités finira par imposer – de fil en aiguille, jour après jour – les reconversions auxquelles on se refuse encore aujourd'hui. Faute de quoi, les mêmes causes produisant les mêmes effets, on peut être sûr que – l'on ne sait quand, l'on ne sait où, l'on ne sait sous quelle forme – surviendront de nouveaux drames. Déjà, en de nombreux points, la contestation des travailleurs chassés de leur emploi, débouche sur des actions violentes : on menace ici de déverser des produit toxiques sur l'environnement, on incendie là un atelier et on menace de faire sauter une usine ; la détresse du peuple argentin risque, à tout moment, de l'acculer à de sanglantes révoltes. Toutes tragédies dont nous voulons voir disparaître les causes.

Daignent les puissants du monde, si aptes à « semer du vent », prendre garde aux « moissons de tempête[10] » qu'ils nous préparent… s'ils persévèrent dans le refus d'aller au fond des vrais problèmes.

Bibliographie

BADINTER, R., « La faute à Guantanamo », *Le Nouvel Observateur*, Paris, 31 janvier 2002.

BARBER, B., « Globaliser la démocratie pour sortir de l'anarchie », *Tranversales*, Paris, n° 71, novembre-décembre 2001.
Djihad versus Mc World, Paris, Hachette Littératures, 1996.

BAVEREZ, N., « Les Etats-Unis deviennent-ils fous ? », *Le Monde*, Paris, 12 février 2002.

BECK, U., « La fin du néolibéralisme », *Le Monde*, Paris, 9 novembre 2001.

BERGER, J., « Sept niveaux de désespoir », *Manières de voir*, Paris, n° 60, novembre-décembre 2001.

BRAUMAN, R., « L'époque américaine », *Le Monde*, Paris, 22 janvier 2002.

CAMPBELL, D., « US Sends Suspects to Face Torture », *The Guardian*, 12 mars 2002.

CAROIT, J.-M., « Washington et l'Amérique latine : retour de l'ère du soupçon », *Le Monde*, Paris, 25 avril 2002.

CASSEN, B., « Est-il encore utile de voter après le sommet de Barcelone ? », *Le Monde diplomatique*, avril 2002.

CASTELLS, M., *La Société en réseaux - l'Ere de l'information, 3 vol.*, Paris, Fayard, 1998.

CHAVAGNEUX, C., « Au service de l'Oncle Sam », *Alternatives internationales*, Paris, n° 1, mars-avril 2002.

CHESNAIS, F., « Nous sommes face à deux ennemis et nous devons reconstruire une nouvelle perspective internationaliste. », dans *L'Empire en guerre*, collectif, Paris, Le Temps des Cerises/EPO, 2001.

CHEVALIER, J.-M. et PASTRE, O., *Où va l'économie mondiale ?*, Paris, Odile Jacob, 2002.

CHOMSKY, N., « La nouvelle guerre contre la terreur », dans *L'Empire en guerre*, collectif, Paris, Le Temps des Cerises/EPO, 2001;
« Terrorisme, l'arme des puissants », *Le Monde diplomatique*, Paris, décembre 2001.

CLEMONS, S.C., « Les Etats-Unis victimes de leur excès de puissance », *Manières de voir*, Paris, n° 60, novembre-décembre 2001.

Collectif, « La dérive du monde », *Le Monde*, Paris, 29 janvier 2002.

Collectif, « Lettre d'Amérique, les raisons d'un combat », *Le Monde*, Paris, 15 février 2002.

Collectif, « Lettre de citoyens américains à leurs amis en Europe », *Le Monde*, Paris, 9 avril 2002.

DE MAILLARD, J., *Un monde sans loi*, Paris, Stock, 1998; *Le Marché fait sa loi*, Paris, Mille et une nuits, 2001; « Finance internationale: l'envers du décors », *Politique internationale*, Paris, n° 91, printemps 2001.

DELPECH, T., *Politique du chaos – l'autre face de la mondialisation*, Paris, Le Seuil, 2002.

ENDERLIN, CH., Le rêve brisé, Paris, Fayard, 2002.

FORRESTER, V., *L'Horreur économique*, Paris, Fayard, 1996.

GALEANO, E., « Le théâtre du bien et du mal », dans *L'Empire en guerre*, collectif, Paris, Le Temps des Cerises/EPO, 2001; *Les Veines ouvertes de l'Amérique*, Paris, Plon, 1999.

GOLUB, P.-S., « Rêves d'empire », *Manières de voir*, Paris, n° 60, novembre-décembre 2001.

GORZ, A., *Misères du présent, richesses du possible*, Paris, Galilée, 1996.

GUILLEBAUD, J.-C., *La Refondation du monde*, Paris, Le Seuil, 1999.

HAMMOUDI, A., « Il est dangereux de figer les musulmans dans des stéréotypes de "constantes culturelles" », entretien avec Sylvain Cypel, *Le Monde*, Paris, 8 janvier 2002.

HASSNER, P., « Quand l'empire devient barbare », *Alternatives internationales*, Paris, n° 1, mars-avril 2002.

HUNTINGTON, S., *Le Choc des civilisations*, Paris, Odile Jacob, 1997.

HUSSON, M., *Le Grand Bluff capitaliste*, Paris, La Dispute, 2001.

JACQUET, P., PISANI-FERRY, J., TUBIANA, L., *Rapport de synthèse du Conseil d'analyse économique du gouvernement de Lionel Jospin – Gouvernance mondiale*, Paris, La Documentation française, 2002.

JONAS, H., *Le Principe responsabilité*, Paris, Le Cerf, 1997.

JOXE, A., *L'Empire du chaos – les Républiques face à la domination américaine dans l'après-guerre froide*, Paris, La Découverte, 2002.

KEPEL, G. et KHOSROKHAVAR, F., « La quête du martyre s'est propagée », entretiens avec J. Garçon et V. Soulé, *Libération*, Paris, 19 novembre 2001.

KEPEL, G., « Rencontres en terre d'islam », *Le Monde*, Paris, 30 janvier 2002.

KHOSROKHAVAR, F., « La victoire d'Oussama Ben Laden », *Le Monde*, Paris, 23 novembre 2001.

KUĆAN, M., « Face au pragmatisme, vive l'orientation ! », *Transversales*, Paris, n° 71, novembre-décembre 2001.

LAMY, P., *L'Europe en première ligne*, Le Seuil, Paris, 2002.

LE CARRÉ, J., « Le théâtre de la terreur », *Le Monde*, 18 octobre 2001.

LE GOFF, J., « Heurs et malheurs des mondialisations », *Le Monde*, Paris, 16 novembre 2001.

LECADRE, R., « Le gel des avoirs : une vieille histoire », *Libération*, Paris, 11 octobre 2001.

MEDA, D., *Qu'est-ce que la richesse ?*, Paris, Flammarion, 2000.

MONBIOT, G., « The Taliban of the West », The Guardian, Londres, 18 décembre 2001.

MONTEBOURG, A. et PEILLON, V., « Rapport de la Mission d'information commune sur les obstacles au contrôle et à la répression de la délinquance financière et du blanchiment des capitaux en Europe », Assemblée nationale (française), 2000-2001, disponible sur le site internet de l'Assemblée nationale : http://www.assemblee-nationale.fr

MORIN, E., « Société-monde contre terreur-monde », *Le Monde*, Paris, 22 novembre 2001 ;
Terre-Patrie, Paris, Le Seuil, 1993 ;
« Guerre au terrorisme ? », entretien avec Philippe Merlant, *Transversales*, Paris, nouvelle série, n° 1, premier trimestre 2002.

ORLEAN, A., « La monnaie privatisée », *Alternatives économiques*, Paris, hors-série, n° 37, troisième trimestre 1998.

PASSET, R., *L'économique et le vivant*, Paris, Payot, 1979, 2ᵉ Ed. Economica, 1996 ;
L'Illusion néo-libérale, Paris, Fayard, 2000 ;
« L'Après-Manhattan est mal parti », *Transversales*, Paris, nouvelle série, n° 1, premier trimestre 2002.

PETRELLA, R., « Pour un contrat social planétaire », *Manières de voir*, Paris, n° 32, novembre 1996.

PLIHON, D., *Le Nouveau Capitalisme*, Paris, Flammarion, collection « Dominos », 2001.

RAMONET, I., *Les Guerres du XXIᵉ siècle*, Paris, Galilée, 2002.

RATNER, M., « Les libertés sacrifiées sur l'autel de la guerre », *Le Monde diplomatique*, Paris, novembre 2001.

ROBERT, D. et BACKES, E., *Révélation$*, Paris, Les arènes, 2001.

ROBIN, J., *Changer d'ère*, Paris, Le Seuil, 1989.

ROBINSON, M., « L'horizon assombri des droits de l'homme », *Le Monde*, Paris, 15 juin 2002.

ROUVIERE, A. (rapporteur), « Répression du financement du terrorisme », rapport n° 355, session 2000-2001, Sénat français, annexe au procès-verbal de la séance du 6 juin 2001.

ROY, A., « Ben Laden, secret de famille de l'Amérique », *Le Monde*, Paris, 14 et 14 octobre 2001.

STIGLITZ, J.-E., *La Grande Désillusion*, Paris, Fayard, 2002.

VALLADAO, A., « Sur les sentiers de la guerre », *Alternatives internationales*, Paris, n° 1, mars-avril 2002.

VIVERET, P., « Reconsidérer la richesse », rapport de la Mission sur les nouveaux facteurs de richesse, secrétariat d'Etat (français) à l'Economie solidaire, 2001.

WOLFENSOHN, J.-D., « Une coalition mondiale conte la pauvreté », *Le Monde*, Paris, 9 octobre 2001.

WRIGHT, S., « Les États-Unis et la menace biologique », *Le Monde diplomatique*, Paris, janvier 2002.

ZIEGLER, J. et MÜHLHOFF, U., *Les Seigneurs du crime*, Paris, Le Seuil, 1998.

Notes

Introduction

1. Dominique Plihon, *Le Nouveau Capitalisme*, Flammarion, collection « Dominos », 2001.

2. *Parité des pouvoirs d'achat* : le taux de change entre devises qui égalise leur pouvoir d'achat dans les pays concernés. Quand le taux de change d'une devise est supérieur à ce taux, il est plus avantageux de s'en procurer une autre pour acheter un bien déterminé. On la vend donc (par conséquent, son cours est poussé vers le bas) pour s'en procurer une autre meilleur marché, dont le cours est ainsi tiré vers le haut.

3. Voir René Passet, *L'Illusion néo-libérale*, Fayard, 2000.

4. Joseph E. Stiglitz, *La Grande Désillusion*, Fayard 2002.

Chapitre 1

1. « Rencontre Petrarque » à Montpellier, 15 au 15 juillet 2002.

2. « Heurs et malheurs des mondialisations », *Le Monde*, 16 novembre 2001.

3. « La victoire d'Oussama Ben Laden », *Le Monde*, 23 novembre 2001.

4. « La fin du néo-libéralisme », *Le Monde*, 9 novembre 2001.

5. « Globaliser la démocratie pour sortir de l'anarchie », *Transversales, sciences, culture*, n° 71, novembre-décembre 2001.

6. Edgar Morin, « Société-monde contre terreur-monde », *Le Monde*, 22 novembre 2001.

7. René Passet, *Eloge du mondialisme par un « anti » présumé*, Fayard, 2001.

8. Lire à ce propos René Passet, *op. cit.*

9. Jacques Robin, *Changer d'ère*, Le Seuil, 1989.

10. *Alternatives économiques*, « L'état de l'économie », hors-série, n° 52, 2e trimestre 2002.

11. René Passet, *op. cit.*, p. 148.

12. « Une coalition mondiale contre la pauvreté », *Le Monde*, 9 octobre 2001.

13. Gilles Kepel, Farhad Khoroskhavar, entretien avec José Garçon et Véronique Soulé, « La quête du martyre s'est propagée », *Libération*, 19 novembre 2001.

14. Viviane Forrester, *L'Horreur économique*, Fayard, 1996.

15. Cité par Philip S. Golub dans « Rêves d'empire », *Manières de voir*, n° 60, novembre-décembre 2001.

16. John Berger, « Sept niveaux de désespoir », *Manières de voir*, n° 60, novembre-décembre 2001.

17. « Les États-Unis victimes de leur excès de puissance », *Manières de voir*, n° 60, novembre-décembre 2001.

18. Voir Noam Chomsky, « La nouvelle guerre contre la terreur », dans *L'Empire en guerre : Le Monde après le 11 septembre*, ouvrage collectif, Le Temps des Cerises/EPO, 2001.

19. Arundhati Roy, « Ben Laden, secret de famille de l'Amérique », *Le Monde*, 14 et 15 octobre 2001.

20. Robert Badinter, « La faute à Guantanamo », *Le Nouvel Observateur*, 31 janvier 2002.

21. On a vu depuis la multiplication des faillites frauduleuses que les méthodes d'Enron n'étaient qu'emblématiques.

22. Joseph E. Stiglitz, *op. cit.*

23. Eduardo Galeano, « Le théâtre du bien et du mal », dans *L'Empire en guerre*, *op. cit.*

24. Eduardo Galeano, *Les Veines ouvertes de l'Amérique*, Plon, 1999.

25. Rony Brauman, « L'époque américaine », *Le Monde*, 22 janvier 2002.

26. Edgar Morin, *ibid.*

27. Samuel Huntington, *Le Choc des civilisations*, Odile Jacob, 1997. Voir aussi François Fourquet, Philippe Boulet Gercourt, « La guerre des dieux », *Le Nouvel Observateur*, hors-série, janvier 2002.

28. Edgar Morin, *ibid.*

29. Farhad Khosrokhavar, *ibid.*

30. Abdallah Hammoudi, entretien avec Sylvain Cypel, *Le Monde*, 8 janvier 2002.

31. Gilles Kepel, « Rencontres en terre d'islam », *Le Monde*, 30 janvier 2002.

32. *Le Monde*, 29 janvier 2002. Parmi les signataires : Raymond Barre, Pierre Mauroy, Michel Rocard, Michel Camdessus, Edgar Morin, Alain Touraine...

33. Jean-Claude Guillebaud, *La Refondation du monde*, Le Seuil, 1999.

34. Cité par J.-C. Guillebaud, *ibid.*; voir aussi Benjamin Barber, *Djihad versus Mc World*, Hachette Littératures, 1996.

Chapitre II

1. Jean de Maillard, *Un monde sans loi*, Stock, 1998.

2. Jean de Maillard, *Le marché fait sa loi*, Ed. Mille et une nuits, 2001.

3. Rapport n° 355 du Sénat français, « Répression du financement du terrorisme », annexe au procès verbal de la séance du 6 juin 2001, rapporteur André Rouvière, session ordinaire 2000-2001.

4. Jean de Maillard, *op. cit.*

5. Jean Ziegler, en coll. avec Uwe Mühlhoff, *Les Seigneurs du crime*, Le Seuil, 1998.

6. André Orléan, « La monnaie privatisée », *Alternatives économiques*, hors-série, n° 37, troisième trimestre 1998.

7. Le *PCB* mesure le chiffre d'affaires mondial estimé de l'ensemble des activités criminelles.

8. Cette comparaison est faite pour donner un ordre de grandeur de l'ampleur des activités criminelles mais PIB

et chiffre d'affaires ne sont pas équivalents. Le PIB est une somme de valeurs ajoutées et non la somme des ventes.

9. Jean de Maillard, *Le marché fait sa loi, op. cit.*

10. D'après le Groupe d'action financière sur le blanchiment de capitaux (GAFI) constitué par le G7.

11. Jean de Maillard, *Le marché fait sa loi, op. cit.*, p. 48.

12. Voir le rapport de la Mission d'information commune sur les obstacles au contrôle et à la répression de la délinquance financière et du blanchiment des capitaux en Europe, par les députés français Vincent Peillon et Arnaud Montebourg sur le blanchiment de capitaux en Europe, 2000-2001.

13. Denis Robert, Ernest Backes, *Révélation$*, Les arènes, 2001.

14. Jean de Maillard, « Finance internationale : l'envers du décors », *Politique internationale*, n° 91, printemps 2001.

15. Informations disponibles sur le site internet de l'OCDE : http://www1.oecd.org, juin 2002.

16. « Le gel des avoirs : une vieille histoire », article de Renaud Lecadre dans *Libération*, 11 octobre 2001.

17. Jean de Maillard, *Un monde sans loi, op. cit.*

18. Editorial du 20 février 2002.

19. Rapport du Sénat français sur la répression du financement du terrorisme, *op. cit.*

20. Jean de Maillard, *Un monde sans loi, op. cit.*

21. *Ibid.*

Parti II

1. *Financial Times*, 6 octobre 2001.

2. Ulrich Beck, « La fin du néolibéralisme », *Le Monde*, Paris, 9 novembre 2001.

3. *Les Echos*, 4 octobre 2001.

4. Ces aides provenaient du FMI, de la Banque mondiale, de la Banque asiatique du développement, des États-Unis et de l'Union européenne.

5. Alfredo Valladao, « Sur les sentiers de la guerre », *Alternatives internationales*, n° 1, mars-avril 2002.

6. « Le théâtre de la terreur », *Le Monde*, 18 octobre 2001.

Chapitre III

1. Edgar Morin, « Société-monde contre terreur-monde », *Le Monde*, 22 novembre 2001.

2. Edgar Morin, *Terre-Patrie*, Le Seuil, 1993.

3. Manuel Castells, *La Société en réseaux – L'Ere de l'information, tome I*, Fayard, 1998.

4. Voir René Passet, « L'après-Manhattan est mal parti », *Transversales*, nouvelle série, n° 1, premier trimestre 2002.

5. Noam Chomsky, « Terrorisme, l'arme des puissants », *Le Monde diplomatique*, décembre 2001.

6. Ce phénomène de guerre sans fin rappelle le cas de l'Irak. Depuis la guerre du Golfe en 1992, l'embargo qui s'ajoute aux bombardements sporadiques aurait déjà causé la mort de 5 % de la population.

7. *Politique internationale*, n° 93, automne 2001.

8. Ignacio Ramonet, *Les Guerres du XXIe siècle*, Editions Galilée, 2002.

9. Edgar Morin, « Guerre au terrorisme ? », entretien avec Philippe Merlant, *Transversales*, nouvelle série, n° 1, premier trimestre 2002.

10. Pierre Hassner, « Quand l'Empire devient barbare », *Alternatives internationales*, n° 1, mars-avril 2002.

11. Edgar Morin, art. cit.

Chapitre IV

1. Alfredo Valladao, art. cit.

2. Pierre Hassner, art. cit.

3. Nicolas Baverez, « Les États-Unis deviennent-ils fous ? », *Le Monde*, 12 février 2002.

4. Voir sur ce point Susan WRIGHT, « Les États-Unis et la menace biologique », *Le Monde diplomatique*, janvier 2002.

5. Alfredo Valladao, art. cit.

6. François Chesnais, « Nous sommes face à deux ennemis et nous devons reconstruire une nouvelle perspective internationaliste », dans *L'Empire en guerre*, collectif, Le Temps des Cerises/EPO, 2001.

7. Pierre Grosser, « Une étrange relation aux autres », *Alternatives internationales*, n° 1, mars-avril 2002.

8. Bernard Cassen, « Est-il encore utile de voter après le sommet de Barcelone ? », *Le Monde diplomatique*, avril 2002.

9. Dans Jean-Marie Chevalier et Olivier Pastré, *Où va l'économie mondiale ?*, Odile Jacob, 2002.

Chapitre V

1. « Lettre d'Amérique, les raisons d'un combat », *Le Monde*, 15 février 2002. Parmi les signataires : Francis

Fukuyama, Samuel Huntington, Michael Walzer, Daniel Patrick Moynihan, Amitaï Etzioni...

2. « Lettre de citoyens américains à leurs amis en Europe », *Le Monde*, 9 avril 2002. Parmi les signataires : Alan Sokal, Gore Vidal, Paul M. Sweezy, Patrick Bond...

3. « Lettre d'Amérique... », art. cit.

4. Voir *Le Monde* du 29 mars 2002.

5. Exemple donné dans Michael Ratner, « Les libertés sacrifiées sur l'autel de la guerre », *Le Monde diplomatique*, novembre 2001.

6. *Ibid.*

7. Voir George Monbiot, « The Taliban of the West », *The Guardian*, 18 décembre 2001.

8. Voir sur ce point Duncan Campbell, « US Sends Suspects to Face Torture », *The Guardian*, 12 mars 2002.

9. Noam Chomsky, art. cit.

Chapitre VI

1. « Huit pistes pour réformer le capitalisme », *Le Monde* 19 juillet 2002.

Chapitre VII

1. Mary Robinson, « L'horizon assombri des droits de l'homme », *Le Monde*, 15 juin 2002.

2. Rappelons simplement de René Passet, *L'illusion néolibérale*, Fayard, 2000 ; *Eloge du mondialisme par un « anti » présumé*, Fayard, 2001.

3. *Rapport de synthèse du Conseil d'analyse économique du gouvernement de Lionel Jospin, Gouvernance mon-*

diale, Pierre Jacquet, Jean Pisani-Ferry, Laurence Tubiana, La Documentation française, 2002.

4. Alain Joxe, *L'empire du chaos. Les Républiques face à la domination américaine dans l'après-guerre froide*, La Découverte, 2002.

Conclusion

1. Voir « Monsieur Bush et la bombe », *Le Monde*, éditorial du 13 mars 2002.

2. Le 6 février 2002 sur la station de radio France-Inter.

3. Edition du 9 février 2002.

4. Dans *Le Monde* du 12 février 2002.

5. *Transversales: science culture*, n° 61, sept-oct.2000.

6. Propos rapportés dans *Le Monde* du 24 juillet 2002.

7. Michel Winock dans *Le Monde*, 15 juin 2002.

8. Alain Joxe, *op. cit.*

9. Michel Husson, *Le Grand Bluff capitaliste*, préface de Daniel Bensaïd, La Dispute, 2001.

10. « Ils ont semé du vent et ils moissonneront des tempêtes », Livre d'Osée 8, 7.

Achevé d'imprimer par Corlet, Imprimeur, S.A.
14110 Condé-sur-Noireau (France)
N° d'éditeur : 5507 – N° fab. : 5605 – N° d'imprimeur : 60667
Dépôt légal : septembre 2002
Imprimé en France